湛庐CHEERS

与最聪明的人共同进化

HERE COMES EVERYBODY

CHEERS
湛庐

权力进化论

[美] 杰弗瑞·菲佛（Jeffrey Pfeffer）著
郑晓明 杨来捷 译

7 RULES OF POWER

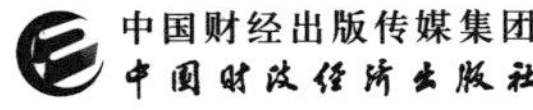
中国财经出版传媒集团
中国财政经济出版社
北京

你知道如何踏上权力之路吗?

扫码激活这本书
获取你的专属福利

扫码获取全部测试题及答案，
一起了解权力的真相

- 在工作中，以追求权力、广结人脉、索取资源的形象示人，会更容易获得别人的青睐吗？（ ）

  A. 会

  B. 不会

- 权力有时能让你免于因为自己的作为受到过重的惩罚，这是真的吗？（ ）

  A. 真

  B. 假

- 在日常生活中，以下哪种姿势会让人觉得你很有权力？（ ）

  A. 拘谨的身体姿势

  B. 比较小的手臂动作

  C. 比较长的发言时间

  D. 比较小的说话音量

扫描左侧二维码查看本书更多测试题

知识即权力

郑晓明

清华大学经济管理学院领导力与组织管理系长聘教授

权力的历史与人类的历史一样古老。世界的运行、组织的运作和个人的发展无一能脱离权力的作用，它的影响如此普遍，但真正熟谙权力实质者则寥寥无几。

权力究竟是什么？它能做什么？它怎样发挥作用？如何对它加以利用又如何将它保持下去？这些问题本身的复杂性，常常会构成人们了解相关事实和采取行动的一大阻碍。《权力进化论》一书是斯坦福大学商学院组织行为学教授杰弗瑞·菲佛所著的最新力作。作者从对权力关键作用的认识出发，始终牢牢扎根现实，将自身多年的研究心得、不同领域的研究证据，以及与业界深度联络积攒的丰富经历，凝缩成权力的 7 条法则：摆脱定式、打破规则、示人以权力、建立强大的品牌、拓展人脉、运用你的权力，以及成功就是一切理由。它们覆盖了权力运行规律的方方面面，提供了每一个人都可以学习、运用的实践指南。深入浅出、知行合一，正是本书的重要价值。

作者提出打破规则才有可能带来权力，本质上就是要人们主动采取异乎寻常、出人意料的行动。破坏规则的能力是权力的试金石，而一旦拥有权力后，能够释放出异于常人的权力信号，因为普通人多数情况下是别无他选的。进一步地，打破规则的人通常会让他人一时间无所适从，影响他人情绪和认知，给他人留下记忆和关注。由此，作者提出“打破规则、违背规范可能增强人的权力”。或许有人有疑问，打破规则引发冲突怎么处理，作者观点是，他人不一定会反对你做想做的事，因为沟通成本会促使他人避免与你的冲突。因此，如果你想做什么，最有效的做法是直接放手去做，哪怕等到木已成舟时再请求别人原谅，而非初始阶段就征得别人允许。

培育权力需要“曝光效应”，即“别人记住了你，就等于选择了你”。若要建设强大的品牌，有效途径是将自己与声名显赫的人和组织紧密联系起来。作者介绍了劳拉在风险投资行业成为风云人物的成功案例，向读者展示了劳拉利用播客、推广简讯、俱乐室节目、博文、专题讨论以及各种会议同各类创始人，投资人建立关系，从而帮助劳拉在风险投资圈谋得了一席之地。这表明个人品牌建设具有“飞轮效应”，即关键的事情一旦做成，往后的一切也都水到渠成，也意味着个人的可信度、社会关系和权力自然水涨船高。

建立人脉活动与职业成功通常呈正相关，在如何拓宽人际关系，推动事业发展这一问题上，作者认为权力离不开人际关系的培育，拓展人际关系并非肮脏的事情，利用工作中的友谊推进自身实业发展是一件值得学习的策略行为。如何拓展人脉，作者提出要积极寻求“弱连接”，例如，对找工作最有用的并不是与家人、朋友以及亲近同事的强连接，而是与那些偶然认识的人的关系，或称“弱连接”。原因在于，“弱连接”含有个人接触不到的信息源和圈子，提供非冗余的信息和关系。因此，确保自己在众多不同的组织和行业中广泛结识不同的人是至关重要的。而在评估工作岗位时，作者提出要选择更接近网络中心性的工作，成为信息、机会的枢纽，增加自身的显示度。如何平衡人脉网络的持续增长和个人有限的精力同样是一个值得关注的话题，作者提出可以充分运用关系管理软件来管理关系，重点聚焦网络边缘的人身上。

但是，对于权力渴求并不意味着要改变自身原有品质，而蝉蜕为另外一副模样，也不需刻意谋“迂直之术”或是“借力之术”。正如书中所说，权力的法则并不强求你改变自己的人格，所谓获得权力的行为和技巧并没有什么特殊之处，你可以根据实际情况有选择地使用。即便是采用，也并不意味着自己是一个怎样的人。当前学术界推崇真诚型领导，认为领导要诚实、坦率、不世故、直面自身缺点。然而，作者却提出真诚领导力是一个伪命题，多数人的思维误区是，领导追求真诚，就需推心置腹和坦诚相待，那些广结人脉、索取资源和以权力示人都是对真诚的“背叛”。事实上，领导者对于权力追求与自身的真诚并不冲突，人们对真诚的执念常常导致自己固步自封，无法走上一条通往权力的康庄大道。因此，获得权力并不代表“不真诚”。事实上，获取权力道路是“挖掘人性，经营人心”之路。

权力不会自然地落在“好人”手里。本书还希望引导读者正确地认识自身与周遭环境的关系，既要深刻地理解面临的结构性困境，也要充分认识自身主观能动性的范畴，找到恰当的参考系，运用权力，做出对自身、他人或组织最有利和有效的决定。

了解关于权力的真相时经历的拒绝、愤怒与沮丧都是学习新知的自然过程，我们之所以感到愤怒和恐惧，正是因为我们怀有太多的成见。然而，在了解真相以后，我们终将重获平静。权力的现实广泛而深远，权力分配的不均根深蒂固，但一种对知识与事实（而非观念和观点）的把握，以及自己对自己负责（而非听之任之）的态度，就是放弃幻想、投入斗争的第一步，就是用权力改善自己和他人生活的第一步。

知识即权力。就这一点而言，我们希望广大读者不是去拥抱一种对新观点、新叙事的迷信，而是在本书的启发下超越固有观念和直接经验，深入到这些观念和经验反映的社会现实本身，从而可以依照已知的手段和目的的关系，来计划自己的行为。在理性的时代下，由知识得来的这种权力，是科学赋予的。这种科学性也是本书最核心的价值所在。

总之，作者试图告知大家，即使是数字时代，权力的外在纹理和内在本质并没有发生根本性变化和颠覆性更新，而要更好地领导他人和团队，就必须了解权力法则，更加有效运用权力。

前 言

权力的挑战

> 我曾经说过："如果我们希望权力用得好，就要让更多好人来用它。"

我常常体会到一种观念上的矛盾。一方面，包括我的好友、一位睿智的编辑在内，很多人都对我说，当今的主流观念崇尚合作、友善和政治正确，追求权力的想法显得不合时宜；另一方面，我又总是收到大家的邮件，比如我有位学生，在参加了我的线上权力课程后，他告诉我、也告诉他的同学说，自己终于明白，绩效并不是全部。他开始尝试很多事情：逢迎高层，并向他们索取希望得到的事物、表达个人取得事业发展和实现工作目标的需要；相信自己，在言行中显示权力；建立自己的人脉网络和支持系统；在遭遇困难、陷入冲突时，他懂得了如何看准时机、运筹决胜。他还很遗憾地表示，自己不得不错过我的最后一节线上课，因为他建立人脉、"让人看见"的努力得到了回报，在课程开播时，他将登上飞机，与两位C级领导[①]一起去考察公司的海外市场。

所以，关于权力，我们应该相信什么呢？应该怎样行动呢？《权力进化论》囊括了我当前的思考成果，也呈现了最新的社会科学发现，希望在你回答上述问题时，它能有所助益。

为何是此书？为何是现在？

我原以为，自己不会再写一本关于权力的书了。算下来，此书已经是第三本，如果再算上前传，那就是第四本。在前传中，我反驳了若干关于领导力的格言，这些格言推崇谦逊、真诚和坦率，但事实上，它们大都并不真实、有用。最新的两本书反响很好，书中的内容在世界各地的课堂教学中得到了广泛应用。那么，我为何要再写此书，又为何是现在呢？

我改变主意的原因主要有四个。第一个原因是，我一直致力于用更有效的方式传达关于组织权力与政治的内容。线上也好，面授也罢，能为世界上最有才华的一批人做这件事情，我深感荣幸。而有关权力的主要内容，是要教会人们在合适的时间、用恰当的方式采取行动，从而切实、通常也相当快速地改变自己事业与生活的轨迹。随着工作的深入，我对如何更简单、更清晰地传达这一思想也积累了更多心得。在我收到的邮件中，不乏下面这样的内容：

> 感谢您在课堂上传授的所有内容。它帮助我建立了自己的部

---

① C级领导即C-level领导，指的是职位以C开头，以O结尾的高管们，常见的有首席执行官（CEO）、首席运营官（COO）、首席财务官（CFO）等。——编者注

> 门，帮助我获得了我从未想过的能在如今的年纪就拥有的薪资和头衔。今天，它还让我在一场国际签约仪式中得到了两位部长的赞赏。秘诀是什么呢？其实就是我会主动开口索取自己想要的东西。我还采纳了您的建议，有策略地去追求那些让我的学历和我掌握的人工智能知识显得更加稀缺的岗位。最后，在得到岗位之后，我尽心尽力，在工作中建立人脉网络，树立自己的名声。

此人是沙特阿拉伯人，他所说的这些内容听起来都不是什么高深的学问，这些做法和社会科学领域的大量确凿发现是一致的，可惜的是，这些做法却很少被付诸实施。这个例子也印证了研究得出的观点：权力的法则在不同文化中都是适用的。鉴于这些内容能够产生非常积极的作用，我想我还是应该把自己日臻成熟的教学能力发挥出来，向大家传授与组织权力有关的内容，以及自己近期的一些心得，帮助大家走好通往权力的道路。

神奇的数字“7”

在观察了我以前的学生以及政治和商业领袖（特别是其中的成功人士）后，我又回顾了相关社会科学内容，最终，我总结出了权力的 7 个基本法则。我想，围绕着这 7 个基本法则来组织关于权力的学习内容，将能非常有效地告诉人们如何获得更大的影响力和更瞩目的成功。

就法则的数量而言，“7”似乎是个非常好的数字。1956 年，著名的认知心理学家乔治·米勒（George Miller）撰写了一篇极有影响力的文章。他指出，“没有任何外界协助的观察者在其所能接收、处理和记忆的信息量上会受到严重的限制”，7 个元素或者想法（可能有 2 个左右的上下浮动）就是大多数人认知能力的上限。另一项新近的分析也指出，“这一数字广泛见于我们生活的各个方面，如 7 大奇迹、7 大洋和 7 宗罪。”自米勒的文章发表至今，其观点的有效性和稳健性在大量的进一步研究中得到了证实：一旦内容远远超过 7 项，人们就会面临认知的局限。

值得庆幸的是，我认为 7 个法则已经足以覆盖我关于建立和使用权力的所有思想了。我把它们作为本书的 7 个章节。这 7 个法则分别是：

1. 摆脱定式。

2. 打破规则。

3. 示人以权力。

4. 建立强大的品牌。

5. 拓展人脉，一刻也别停。

6. 运用你的权力。

7. 成功就是一切的理由。

在我看来，法则 7 是最重要的一条，因为它能帮人们摆脱对后果的无谓担忧，让人们立刻行动起来。

描绘当今领导力思想的格局

让我改变想法的第二个原因在于，我发现人们并不理解他们在当代政治和商业领袖身上观察到的许多现象，比如史蒂夫·乔布斯、杰夫·贝佐斯、比尔·盖茨、埃隆·马斯克以及梅格·惠特曼（Meg Whitman）、卡莉·费奥莉娜（Carly Fiorina）等。许多人觉得，这些领袖以及他们的行为不同寻常，却没有意识到，他们正是成功运用权力法则的鲜活例子，他们的故事为我们上了当代成功领导行为的重要一课。

由于人们并不了解权力行为的现实，因此，他们总是对正在发生的事情以及那些看似违背了传统观念的举动大感意外。这大概是因为这些传统观念本质上与社会心理和人类行为研究是脱节的。有时，也正是因为人们还没对社会生活的现实做好准备，这种意外将不可避免地伴随着让人始料未及的事业挫折。

我希望本书能帮助人们更好地理解各种公共和私人组织的日常动态与政治真相。一如我在“权力之路”的课程大纲中声明的，我的目的非常明确，就是要为人们提供相应的知识，让他们加以运用，免遭被迫失业的命运。可是今天，不幸失业的人并未见少，所以我的目标尚未实现。但也正因如此，我的这一目标也才更显重要和更有价值。教大家将权力的 7 个法则付诸实践，将有助于这一目标的实现。

权力不是“黑暗”的艺术，它是成功的钥匙

我改变想法、写这本书的第三个原因是，在邮件往来中或者在课堂上，我时常遇到一些人，最初，他们对我传授的思想总会表达出抗拒、不

适、质疑等不同的感受。他们并非质疑这些规律的存在，甚至也不是质疑它们的社会科学研究方法和观察的现实基础。引用近期一封邮件中的说法，他们觉得这些原则和研究发现“令人沮丧”，或者用我的朋友兼同事罗伯特·萨顿（Robert Sutton）的说法，人们觉得这些思想很“阴暗”。因此，人们会逃避那些本能够让他们促成目标、加速事业发展的机会。

我认为，摒弃这些负面感受的一种途径，就是向人们提供能够用来让自己变得更有权力的这 7 个法则。当人们变得更有权力，他们将不再那么低落，也不会再感觉世界那么阴暗了。到那时，他们将畅通无阻，促成目标的能力会变得空前强大。他们的身心也会变得更健康。研究表明，工作中的控制感和社会阶层中的地位与人们的健康息息相关。他们还会变得更快乐，因为幸福感会随着权力的增长而增加。

权力法则，改变了吗？

让我改变想法的第四个原因是，我想探讨一个相当普遍的观点：今时不同往日，全新的价值观念和前沿科技让一切发生了根本性的改变，因而，关于权力和影响力的陈旧思想不再适应新的情形。有这种观点存在，又受到当今商学院和其他领导力与管理项目主流思潮的影响，人们会对我的课程和论著持矛盾的态度也就不足为奇了。权力，或者说组织，甚至政治，都正在发生巨大改变。

很多书籍和研究表面上关注权力，可是它们对提升权力技巧的态度又有些矛盾。许多评论文章虽显得乐观振奋，也广为流传，却对人类行为和现实世界过度乐观，这显然脱离了社会生活。正如企图不遵循物理和热力学定律来制造火箭不可能成功一样，由于这些评论家对权力与人类行为最基本、最恒久的现实不是视而不见就是直接拒绝接受，他们提出的这些改善现状的尝试即使发自真心、出于善意，也注定会失败。与有关现实中权力的研究数据脱节的例子有很多，我在此摘录一些文章片段。

莫伊塞斯·纳伊姆（Moses Naim）撰写了《权力的终结》（*The End of Power*）一书，阐述了那些手握权力的人体会到的对自身权力的更大限制。纳伊姆指出，许多头衔光鲜的人向他坦承，别人认为或声称他们具备的权力和能做的事情，与他们自身的感受其实存在错位。因创立Facebook而闻名的马克·扎克伯格（Mark Zuckerberg）为他发起的一个读书俱乐部挑选的第一本读物正是此书。

我相信你能体会其中的讽刺意味。在我写下这些的时候，扎克伯格正重新确立自己对Facebook的中心控制权，理所当然地，Facebook和它的其他硅谷同行一样有着绝对多数表决的制度。《纽约时报》专栏作家卡拉·斯威舍（Kara Swisher）尖锐地指出，无论扎克伯格做了什么，这一制度都能确保他不被开除。也许真的有人会面临权力的终结，或是感受到权力受限，但扎克伯格肯定不会；很多人自称权势微薄，但事实并非如此。

同样是在这本书中，纳伊姆在后文提出了一个问题：全球化会给经济集中带来什么？书中的假设是，商业全球化以及随之而来的竞争全球化会使经济权力去集中化。他提出这个问题时还是2013年。如今，问题的答案非常清晰，而且显然与他的预期相悖：不仅在美国，在世界范围内，反垄断权威机构正时刻准备着进行斗争，因为全球化加剧了权力与财富的集中，这在跨国技术产业尤为突出，在其他行业，如电信、零售行业亦然。自2008年至2009年金融危机以来，那些曾被批评为“大而不倒”的银行反而变得更庞大了。有名无实的反垄断举措和与日俱增的经济权力的集中可谓老生常谈。

还有杰里米·海曼斯（Jeremy Heimans）和亨利·蒂姆斯（Henry Timms）的《超级参与者》（*New Power*）一书。他们提出：权力并没有终结，但权力的基础和运用方式已经被互联网、社交媒体、新兴通信方式等事物根本地改变了。按照他们常常提到的说法，这种社会与技术变迁的结果是更大程度的民主化，即“新权力”下，权力的集中度变得更低，越来越多的人对权力触手可及。如同很多人表达过的观点，他们也认为，个体随时随地接入沟通平台以及社交媒体平台，这让个人获取全世界信息的能力不断增强，这一现象将大大促进创新和社会运动的扩散。人们，包括那些并不处于正式权力地位的人，将拥有更多权力。

遗憾的是，现实不遂人愿，新兴通信方式以及社交媒体最成功的使用者，其实正是那些本就坐拥政治和经济权力的人。菲律宾有位研究人士在深度观察了当今的媒体行业后表示，在世界上的几乎每一个角落，“权力不断巩固着权力”，独立新闻团体被逐渐清除，那些把持着“最大扩音器”的人得以拥有塑造现实的能力。英国《经济学人》（*The Economist*）旗下智库在 2006 年推出了一个民主指数，以此来评估各国的民主程度。2021 年度民主指数报告显示，“民主正在倒退……全球民主得分再创历史新低。以 10 分为满分计，2021 年各国平均得分从上一年的 5.44 分下降至 5.37 分。”或者你可能更属意人类自由指数，这一指数由美国卡托研究所和加拿大菲沙研究所共同发布。如今，自由程度在全世界范围内普遍出现倒退的情况，评级上升的国家仅有 61 个，而评级下降的国家则有 79 个。

简而言之，权力并没有终结，它的许多表现形式也并没有更新。这个世界并不像许多人料想的那样发生了巨大的变化，而要想有效地领导他人，你就得了解权力的法则。

巧用分析与数据，成就更有权力的自己

上述以及其他类似的事实或许是“令人沮丧的”。不过，我想重申章节开头引用的话：如果我们希望权力用得好，就要让更多好人来用它。而这些人要想得到权力，就得了解一些公认的社会科学真理，只有这样，才能在一个权力既没有消失也没有变得更不集中、其决定因素与实施策略也没有发生改变的世界中获得成功。简单来说，人们需要接纳而非逃避权力。本书的任务，并非要取悦你或是讲述振奋人心的故事。我自视不是愤世嫉俗的人，而是一名实用主义者、现实主义者。

从 1979 年起，我就作为全职教授在斯坦福大学商学研究生院教书。我教的“权力之路”课程是最热门的选修课之一，这并不是因为我有什么特别的魅力，也不是因为课程的内容迎合了盛行的社会风气。用一位学生的话来说，这门课程之所以大获成功，是因为“它真正地帮助我们理解了自己一直身处的世界”，是因为这门课让许多人明显变得更有效能、更加成功。我们学院的院训是：“改写人生，改造组织，改变世界。”改变需要权力，毕竟，如果改变可以不依赖权力和影响力发生，那么它早该自行发生了。改变的第一步，就是把你自己（和你的同盟）置于杠杆之上，从而撬动数倍于努力的效果，赢得巨大的成就。如果你想要的是愉快闲谈，那这本书可能无法满足你的需求。

我的阅读取向也受到了这种观念的影响。在我的案头，有一本书名叫《如何成为一个独裁者：20 世纪的人格邪教》（*How to Be a Dictator: The*

Cult of Personality in the Twentieth Century），这本书获得了塞缪尔·约翰逊奖[①]；另有一本叫《作弊者总能赢：美国的故事》（*Cheaters Always Win: The Story of America*）；除此之外，还有我已故的斯坦福大学法学院同事德博拉·罗德（Deborah Rhode）所著的《作弊》（*Cheating*）。这类书都对历史和人类行为的现实有着极深的见地，非常值得一读。它们告诉读者：人们"总是执着于善有善报、恶有恶报的想法"，可生活并非总是公平的。人们容易被自恋者和独裁者蒙骗，蜂拥而至，为他们投票，为他们工作，这常常会引起糟糕的后果。诚实并不是自动自发、人皆有之的品质，如果要规范社会生活、减少舞弊与欺骗，我们就需要制度化的结构和惩罚机制。但遗憾的是，这一切常常都是缺位的。你应该明白我的意思了。

社会学家默里·埃德尔曼（Murray Edelman）围绕政治语言撰写了若干著作。在其中一本书中，有一句话我非常赞同，转述过来就是：政治往往是两面的，一面文胜于质，一面质胜于文。那些主张权力的论调如今已经变调，无论是"新权力"，还是"权力的尽头"，或者是其他的一些观点，它们就像是魔术师，挥一挥手，教人看不清它的把戏，将人们引向歧途，让人无法通过理解基本的事实来变得更成功和更有效能。如果你阅读了本书，并采纳了书中的建议，那么你就不会成为这些人中的一员。

我还有一个额外的建议。当你听到某些人，比如领导者、学究、"大师"给出建议和讲述自己的故事时，应当额外留心一些。你可以通过网络等渠道多了解一番。比如，你应该到网上去看看这些人是怎样地诉讼缠

① 塞缪尔·约翰逊奖，设立于 1999 年，是美国最负盛名的非小说类写作奖之一。——编者注

身，看看不同网站上对他们领导风格的评价。如果想要了解更多，你甚至可以找到那些曾与这些人共事或者曾经为其工作的人，聊聊这些人所在的组织和他们具体行为的实际情况；又或者去看看他们在记者笔下是怎样的。简单地说，你应该进行一些批判性的思考和调查。很快你就会发现，化用莎士比亚创作的戏剧《哈姆雷特》中的台词，“我觉得这位女士抗辩过头了”①，一个人越是鼓吹真诚、透明，他往往就越不具备这些品质。当然，你不需要偏信我所说的一切，也不用相信我用来佐证权力法则的繁杂的社会科学证据。你可以相信自己的眼睛，只要你努力地把它们睁大。

①《哈姆雷特》中的原句为：“The lady doth protest too much, methinks.”。在原文情境中，指当人们极力否认某一事实、宣称某一情况时，现实往往与其所宣称的情况相反。

目　录

引 言

权力，成事与事业成功的力量

2019年5月10日，斯坦福大学商学研究生院将年度的忒普斯利奖（the Tapestry Award）授予了鲁凯娅·亚当斯（Rukaiyah Adams）。这一荣誉旨在嘉奖一批智慧超凡、建树颇丰、发挥了富有感召力的领导才能，将服务他人的行动贯穿于职业与个人生活始终的非裔美籍校友。2022年，亚当斯在担任迈耶纪念信托（Meyer Memorial Trust）首席投资官8年后正式卸任。该信托基金总部设在美国俄勒冈州的波特兰，规模达7.5亿美元。过去，她还曾作为俄勒冈州投资委员会董事会主席，掌管1 000亿美元的州立养老基金，以及该州的一些其他资产。亚当斯从前是我班上的一名学生，事实上，尽管她同时拥有法学硕士和MBA学位，但在2008年毕业时，她仍面临着惨烈的就业市场环境，难以找到合适的岗位。作为一名有色人种女性，她踏进了彼时既没有多少有色人种、也没有多少女性涉足的投资行业。根据一项新近的研究，目前全球金融资产总额高达69.1

兆美元，可当中只有不到 1.3% 由女性和少数族裔掌管。无奈之下，亚当斯只能尽快摸索，找到将自身的这些特殊之处由劣势转化为优势的办法。“很明显，这些组织并不会平白地把权力和机会交到我手里，所以我只好自己尽力争取。”她说。彼时，她已经在一家对冲基金公司有了一席之地，俨然成了受到众人信赖的“红颜知己”。

> 作为有色人种、女性，我这样的角色原来只能是局外人，但现在却恰恰成了信息的枢纽。人们总是对我倾诉心声，他们也想晋升，可他们必须为家庭提供稳定的支持，况且，多数人的另一半还都全职照顾家庭。这些羁绊让他们不敢冒险寻求晋升……我很年轻，又单身，而且在他们眼里本来也是个圈外人，所以他们觉得关于升迁和其他种种问题，都可以对我畅所欲言。渐渐地，执行管理层开始注意到我，向我询问各种信息……这实际上让我有了权力。最终，我坐上了首席运营官的位置。此后，总有形形色色的投资人在不同的时候找到我，让我告诉他们真实的情况。

到了 2012 年，亚当斯已经为波特兰一家金融服务公司运作了 6 个交易柜台和高达 65 亿美元的资产。

亚当斯把我在课上教的内容运用得驾轻就熟。她深知处于沟通网络中心位置的重要性（在讨论发展人脉的重要性时，我们会重温这个话题）。最重要的是，她明白了权力的第一个法则，也就是“摆脱定式”，不去期望一个现成的、公平的世界，也决不肯遵循那些把她置于劣势的规则。相反，她缔造了自己的规则，主导了自己的人生。

诚然，我也很想顺着亚当斯在获奖感言中所说的，大言不惭地说她的成功要归功于我的课程。可是，亚当斯本身就以顶尖成绩完成了 MBA 课程，在毕业时甚至拥有两个专业的学位。我想，虽然权力往往不是成功最重要的条件，但正像亚当斯的情况一样，它能帮助你充分利用自己的天赋和绩效。工作绩效固然重要，可倘若无人知晓，一切都是徒劳。**权力与绩效的合力让人行稳致远，其中哪一种力量单独作用，都无法带来同样的收效。**亚当斯既接受了权力的法则，也能以这些法则为手段来获得影响力，而在她最终到达的位置上，她既能实现个人的目标，也能推动开展一系列社会事业。她指出："我觉得，我运用的这种权力，正是有色人种女性赖以应变和生存的权力。"

并非人人都能像亚当斯那样接受权力的法则。我深知，对于我传授的这些内容，人们在接受乃至运用的过程中势必会遭遇重重心理障碍。通常，人们在上我的课或者读我的关于权力的书籍时，总要经历若干不同的阶段，甚至可能会有疑虑和抵触的心理。所以这篇引言旨在引着你快些走出疑虑和抵触心理，进而真正学习、运用权力的法则，改善自己的状况，多多益善，越快越好。

权力只是手段，目的不尽相同

归根结底，权力只是一种工具。就像其他许多工具一样，一经掌握，权力就可以用来达成各种目的，无论是伟大壮举，还是其他任何事情。我想表达的是，别误解权力本身和权力的用途，特别是如果过去有人利用权力对你不利，你就更要留心这一点。你应该主宰权力，千万别因为愤愤不平，而对我们社会生活中不可避免、无所不在的权力视若无睹。

讲得更明白些，我写此书的目的，是要把权力的法则和运用方法倾囊相授，而至于要把所学到的知识用于何种目的，全在你自己。我想，用这种“价值中立”的取向，像讲原子物理学那样来把权力的法则教给你，或许和很多教授的做法不同。

领导力教育界的很多人实际上是“业余”的，他们教你道德伦理、价值观和理念，如果有的研究结果和这些理念匹配，他们也会教你社会科学。但对于某些内容，他们或许会将你牢牢地保护起来，让你接触不到关于像“自恋”这样话题的研究，让你对谎言之盛行及其后果之轻微一无所知。这是我不敢苟同的。并不是说理念、价值观等不重要，这些当然是重要的。可是，如果坚持将所谓的“操守”(道德或伦理)与学习领导的技能、策略混为一谈，会产生三个方面的问题：

- 教授道德原则究竟能不能真的增加道德行为？这本身就是存疑的，因为尽管研究者设计了许多范式来证明这一点，但这些范式充其量只是把人们放在假设的情形中，或者只是衡量人们对道德行为的了解程度，而非他们具体的行为。例如，有学者对澳大利亚某大学的本科生进行了配对研究。所谓配对研究，是指将参与者根据重要的人口统计学以及其他特征的相似性两两配对，然后对其中一人进行处理（在本研究中是指对此人进行伦理培训），而另一个人则作为对照不做任何处理。这项研究得出了一个结论：“伦理教育对引导学生在道德困境中做出正确选择的作用非常有限。”还有一项研究发现，教育或训练并不会影响学生的作弊行为。有篇文章综述了众多商业社会与商业伦理课程的效果，总结出这些课程带来的任何改善“似乎都难以长久存续”的观点。另有一篇文章颇为详尽地综述了公司的伦理培训情况，指出这类培训的效果其实并不显著，“将‘负责任的管理’原则寓于培训之中，其实并不意味着企业中的专业人士就真的会改变他们的具体实践，因为仅仅在认知上有所长进，并不能保证人们已经从意愿上和能力上为真正负责任地行事做好了准备。”

- 除了家人，其他人到底有没有权利或义务对别人确立的目标和行动的目的加以规定呢？对于这一点，我们其实并不清楚。我们大可把自己所知的一切关于个体、组织行为的事实告诉别人，也可以帮助他们想清楚怎样去做决定，可是至于人们最终要拿这些知识来做什么，我想，这是他们自己的事。

- “目的与手段”这一根本命题，其实是哲学中永恒的辩题。假如有了值得追求的、崇高的目的，是否就不用对手段加以限制？如果有限制，那么哪些策略属于正当手段的范畴呢？纽约建造巨匠罗伯特·摩西（Robert Moses）是 20 世纪最具权力的人物之一，在长达 40 年的时间里，他对这座城市风貌的塑造产生了深远的影响。此人有句名言:“除了目的，没有什么更能为手段正名了。”

人们之所以没能达成目的，或是没能在地位的阶梯上攀得比对手更高，其中一个原因在于：他们其实知道制胜的秘诀，却不愿这么做。在下一章中我会提到，权力的第一个法则是要人们“摆脱定式”，其中就包括挣脱自己铸造的拖累自我的枷锁。

无论采取什么手段追求目标，这都是个人的选择，不过，在做出决定之前，想必你需要尽可能充分地了解什么方法能行之有效，什么方法会白费功夫，以及为什么会这样。另外，当然，你也需要明白一点，你的对手未必会和你一样想。或许，为了大获全胜，他们早就准备好“放手一搏”了。

政治技巧会影响事业成功吗？

有位来自尼日利亚的女士曾在一个LEAD领导力项目[①]中参加了我线上的权力课程，她给我发来了下面这封邮件：

> 我会申请参加这个项目，是因为我时常感到无力。作为一名女性，我在这个由男性主导的地质科学与工程领域里孤立无援。我的前任老板比我大了20岁，他几乎天天都要霸凌我。那段日子真的很难熬。后来，我开始参加这个项目，并采纳了当中的一些建议，如收到信息不要立刻回复，用显示权力的方式说话，发展人脉、建立影响力等。现在，情形完全不同了，我的老板和所有同事都追随着我的步伐，他们变得很尊敬我。不过，最妙的是，我根本不用再担心他们了，因为如今我已经直接对接公司的高层管理者。我过上了无忧无虑的生活，做自己想做的事，满世界地帮助他人、发光发热。我从没想过自己还能过上这样的生活。权力是刚需，它可以改写人生。

这位女士遵循了权力的法则，不到8周时间就改写了自己的人生。这是因为，权力常常能给人与人的相处模式带来积极的改变，并让行使权力的人认识到，我们能自主掌控人生。当人们像这位女士一样，变得更独立、更成功后，他们自然也会变得更快乐。

---

① 该项目旨在将知识转化为影响力并推动组织创新。在学习（Learn）、参与（Engage）、加速（Accelerate）和颠覆（Disrupt）四个环节的学习与交流中，最大限度地激发学员潜力。——译者注

研究表明，掌握权力的感觉与人的主观幸福感有关。一项研究把人的权力感与生活满意度以及积极与消极情绪联系在一起。该研究发现，即便在统计学意义上控制了性别和其他人格因素的影响，权力依然能预测幸福感。相比于起那些掌握较少权力的参与者，掌握更多权力的人生活满意度要高 16%，积极情绪要多 15%，消极情绪则少 10%。

当然了，成功以及伴随而来的快乐、幸福，对不同人有不同的含义。我不是伦理学家，也不是谁的人生导师，所以不便评论。不过，作为一名社会科学家，我至少还能接触到相关研究文献并思考一个问题：我们已经用各式各样的方法，来测量和描绘事业成功的方方面面；可是，能够预测这些成功结果的又是什么呢？我想，要让大家认真对待本书谈到的权力法则，首先应该回答一个最基本的问题：具备政治技巧、让自己能发展和运用权力，真的有用吗？人们从事与政治相关的活动以后，真的会过得更好吗？

杰拉德·费里斯（Gerald Ferris）是佛罗里达州立大学的教授，他和同事们多年来围绕政治技巧做了许多工作，完善了概念定义，开发了测量工具，还研究了政治技巧对人本身和人的事业发展产生的诸多影响。近期，费里斯和同事在一本书中总结了他们的众多研究项目。他们把政治技巧定义为“一种综合的能力，它帮助人在工作中有效地理解他人、影响他人，进而让他人的行动服务于自己或组织的目的”。大量的研究都表明，政治技巧，或者说掌握权力的能力，确实会影响事业发展。正如费里斯他们在书中总结的那样，“在工作场所中，政治技巧是预测成功结果最强有力的指标。”我们不妨再从海量的研究证据中选出一部分来看看，为什么人们应该对政治技巧勤加练习。

一项研究关注了 5 种不同的事业发展成果指标：总体薪酬、晋升状况、事业满意度、生活满意度和感知外部职业竞争力。其结果显示，在研究的 191 名来自诸多不同岗位的个体中，政治技巧与除了总体薪酬外的所有事业发展成果均存在显著的关系。另有一项研究考察了德国企业中选举产生的员工代表，该研究发现，对于以向上选举成功率为衡量标准的事业成就而言，政治技巧同样体现出了相关性。有研究纵观某儿童福利系统中的众多团队后发现，团队领导的政治技巧能够显著地解释一大部分团队绩效得分的差异。此外，有学者开展了一项高度综合的元分析研究（也就是对众多实证研究结果的系统整合），其结果显示，政治技巧和工作满意度、工作生产力、事业成功和个人声誉等结果正相关，和生理压力负相关。上述研究共同佐证了费里斯及其同事的论断——政治技巧对事业成功有着直接影响。

一方面，如上述内容呈现的，政治技巧关乎事业能否成功；另一方面，政治技巧能让人们熟稔地运用提升影响力的工具，而这会对事业成功产生重要作用。比如，政治技巧有助于人们发展、运用人脉资源，有效采取各种印象管理策略逢迎自己的上司，改善上下级“关系”，从而拓展人们的事业发展前景。除了直接发挥积极作用，政治技巧也可以缓解工作压力带来的不良后果，而一旦压力减轻，人们便能以更饱满的精力和更集中的注意力投入到工作中，把事情做好。建立人脉、奉承逢迎、用自信的表现打造正面印象等都能提升影响力，但要让它们发挥最佳效果，则需要政治技巧的支撑。可见，政治技巧也可以提升人们有效运用影响力技巧的能力，从而对事业成功产生积极作用。

美国加州大学伯克利分校哈斯商学院的教授卡梅隆·安德森（Cameron Anderson）和他的同事对他们的 214 名校友进行了一项长期研究。该研究以这些校友毕业后在组织中获得的权力为结果变量。研究发现，无论让校友自评，还是请他们的同事代为评价，权力的得分都有很高的一致性，这意味着在权力的问题上，个体感知往往能很好地反映客观情况。与此同时，研究还发现，支配性或攻击性行为、政治行为、集体行为和胜任行为都与权力获得有关，而在这四种行为模式中，政治行为对权力的影响最大，其次是胜任行为。

至此，我们可以从丰富的实证研究中窥见，拥有政治技巧、从事政治行为相当重要。**政治技巧在工作、生活满意度方面以及在薪资、地位方面的促进作用两相呼应。**这其实也在意料之中，毕竟，人们越是拥有地位、权力和成就，就越有机会体验积极的情感。

学习权力的几个阶段

我发现，虽然这些年我在教学中和写作中都有翔实的社会科学证据支撑，人们在各自生活中通过各种途径的观察所得也与这些观点相互印证，可大家在学习与权力有关的内容时，每每还是要经历几个必然的阶段。首先是否认。读过、听过的内容，家庭的影响，各种体制（甚至包括部分商学院）的规训，凡此种种，共同塑造了人们既有的观念，而权力的法则却常常与这些观念相左。正因如此，人们在第一反应中往往不愿承认这些观点是正确的。即便权力和政治行为的表征在生活中比比皆是，对权力的否定依然存在。或许，正是因为人们目睹了许多与固有观念不符的权力的现实，他们才更觉得要否认它。

最常见的一种否认形式是举反例，“有的人成功了，可他们并没有遵循所谓的权力的 7 个法则”。单个反例并不能说明任何问题，比如有的人身患癌症、生命垂危，可什么也没做就莫名其妙地痊愈了，这显然不意味着病人的最优策略是指望疾病能自行缓解。另外，人们常举的反例中，主人公往往精于包装，他们不厌其烦地把自己的故事大肆宣扬，说得引人入胜。因此，有些反例根本经不起推敲。

对权力的否认还有别的形式，比如有人会说，社交媒体的兴起改变了权力的游戏规则，权力的法则也就不再适应当代生活。还有人会说，权力的法则并不能移植到不同的国家和文化中，或者不适用于小公司、高科技产业或合伙关系。对权力的否认形式不一而足，但我们应该认识到，一味地否认权力在组织生活中的普遍性，有时会带来恶果。

若干年前，我在居住地加利福尼亚州的柏林格姆附近的一家便利店购物时，听到身后有人喊："菲佛教授！"回头一看，原来是从前我班上的一位学生。他向我问好，还跟我说他觉得我的课程对他相当"有用"，这让他确信了自己并不想照我教的去做。所以，在他和班上一些同学合伙成立了投资公司后，他们把权力与政治的"浓度"控制在最低限度。我对他说，这也挺好的。的确，人们在知晓通往权力的道路后，当然可以认定自己不想往这个方向走。

巧合的是，过了几年，我竟然在同一家店又撞见了这名学生。我和他打招呼，向他说起我们上次的对话。"你的投资公司进展如何了？"我问他。没想到他挤出了一个勉强的笑容，告诉我，自己被合伙人排挤，已经离开公司了。他自陈，虽然在创立这家小公司时对权力进行了限制，但他最终还是没能真正摆脱权力的现实。他的否认阶段已告一段落，只是他也付出了代价。

在经历否认后，人们通常又会感到愤怒，而且很多时候是对我感到愤怒。这并不奇怪。许多文献都描述了“杀死信使”[①]现象，或者你可以看看大多数“吹哨人”的结局：即使他们说得完全正确，结局会不同吗？如果人们一早就抱定了主意不想听某些话，那么他们就永远不会听从、感激所谓的逆耳忠言。所以，许多人也并不理解，我怎么能传授这么可怕、这么难以接受、这么有悖于广受拥护的传统领导力学说的观点呢？

愤怒总会消退，迎接人们的将是悲伤。人们会逐渐意识到，权力的法则无比真实，意识到我所说的一切都是社会科学研究文献和组织行为中的事实，于是，人们变得闷闷不乐。他们明白了我所教的内容反映出的只不过是世界本来的面貌，也明白了他们应该采取怎样的行为、完成哪些事情，尽管他们并不喜欢这一切。他们会忍不住想，自己还能相信什么人吗？从此都得谨小慎微、如履薄冰吗？每到这时，我常听到人们说自己“很沮丧”。

倘若我的教学侥幸取得成功，人们会平复悲伤，最终选择接受。在这时，人们不仅明白了他们怎样才能改写人生、改造组织乃至改变世界，他们也会明白，运用关于权力的所学是唯一的选择。当然，他们也可以完全放弃挣扎，并接受这一选择的所有后果。不过，让我深感欣慰的是，这些年来，我有幸见证了许多人接受了权力的观点，并做成了了不起的事。

克制判断的冲动

在此，我想提出一个建议，帮助大家更快速地通往“接受”的阶段：先克制一下判断的冲动。

① killing the messenger，指威胁、恐吓使用保密协议等方式让泄密者保持沉默。——编者注

真要践行这个建议其实需要不懈努力。我们生活的这个世界总逼着我们对产品、体验等进行评价和打分，这使我们养成了判断的习惯。可是，我们会发现，自己的许多判断并不非常准确或有用。比如，有研究发现，学生对老师的评分和他们的客观学习结果关联甚小，而且，这种关联具体如何还取决于诸多情况，结论并不能在不同的老师、学科或年级间推广："用来衡量学习成效的指标越是客观，它与学生主观评价相关的可能性就越小。"再举一例，一项针对 1 272 种产品的研究发现，用户评价的平均分与《消费者报告》提供的质量分数并不一致。可见，我们的判断通常并不准确，这是我们要克制判断冲动的一个原因。

不过，要说"判断不准确"，也还只是我们能主动判断的情况。事实上，社会心理学领域的大量证据表明，"我们对他人日常印象的形成，总在电光火石的下意识中发生。匆匆一瞥、乍眼一看，足以让我们在瞬息之间做出评估和判断。而判断一旦形成，它就会将人锚定，成为后来所有的判断产生的基础。"我们在互动的前 10 秒内对他人产生的判断，会长期存在于后续交往中。所以说，克制判断的冲动需要我们付出切实的努力。

轻易评判他人还会带来两个问题。

- 要想把事情做成，我们就得经营一些重要的人际关系。这一点在组织情境下尤其重要，因为"互依性"是组织永恒的特点：你是否能把事情做成，往往依赖着他人的行动。某个人一旦对他人形成了负面的判断，比如认为对方才不配位、德不配位，就很难再在交往中把这些判断完全隐藏起来。而且，一旦有了负面的判断，那么与对方建立良性关系、完成相互依赖的任务就更加难以完成了。所以说，“我们的判断是许多关系的绊脚石”。

- 判断是许多不悦和不满的来源，因为当我们把现状和应有的状态两相比较时，难免会有落差，这让我们沮丧，让我们被消极情感笼罩。

正因如此，许许多多的人都建议我们克制判断的冲动。特蕾莎修女有句名言：“你若是评判人，就没空来爱人。”美国诗人沃尔特·惠特曼也说：“保持好奇，别去评判。”早在公元6世纪，中国古语就有言：“违顺相争，是为心病。”简言之，把所有事物一概贴上“喜欢”或“不喜欢”的标签，是会让人蒙昧的。在西方也有这样的名言：“你们不要评判人，免得你们也被人评判。”

判断会阻碍人们建立有益的人际关系，让人落入不悦的陷阱，因此我们常常建议大家要避免过于频繁的判断。评判权力本身，或评判权力在组织情境中的存在，后果都是类似的：它会让人们在组织生活的现实中疲于周旋，徒增烦恼痛苦。面对组织中的权力与政治，最好的状态是欣然接受、泰然处之，如果实在做不到，至少也要理解它们的前因后果。唯其如此，我们才能做好应对一切的心理准备。

权力的法则只对白人男性有用吗？

如今，性别和种族歧视在职业发展中依然常见，纵然美国已经有了大量相关的民权法案和社会倡议试图制止这种行为，这类现象还是无法杜绝。非但如此，有色人种和女性还要面对更多社会期待，加在这些人身上的行为规范和本书罗列的权力法则有许多出入。比如，人们通常认为，女性和少数群体应该循规蹈矩，而非打破规则；她们身上发生的社会化过程，往往教她们优先为集体的利益着想，要把有利于自我提升的活动（如建立人脉、打造个人品牌）放在后头。因为有这些成见，人们总不禁要问我："你说的这些权力法则，对女性和少数群体也适用吗？"

对于这样的问题，我想做几点回应。首先，在看待研究发现时，非常重要的一点是，在正确的参考系里比较。不同人群运用同样策略的效果无疑是有差别的，比如女性运用权力法则的效果就不如男性来得好。可是，关键的问题不在于此。比如说，"女性或少数群体运用权力的语言、展示权力的形象，效果是不是不够好？"不该这样问。正确的问法应该是，"这些人运用权力的语言、展示权力的形象，会比什么也不做来得强吗？"鉴于在绝大多数情况下，人们并不能改变自己的种族或性别，所以真正该关心的问题，是如何帮助这些人在既有情况下尽可能有效地获得权力和影响力。就拿"用身体语言显示权力的形象"这个具体的例子来说吧，加州大学伯克利分校哈斯商学院教员达娜·卡尼（Dana Carney）是一位研究非语言行为的专家，她指出，现有的证据其实并不能推断出女性运用非语言方式来显示权力、地位和社会支配能力，其效果就一定不如男性。

其次，我从前写过一篇文章，讨论了为什么权力的众多原理会具有跨时期、跨文化的适应性。正如该文的观点，"权力的诸多方面是恒久不变的"。我们可以轻易发现很多迹象：大部分组织和社会场合都蕴含科层的属性，也就是说，越往高处、位置越少，竞争几乎在所难免；在不同的文化中，人们不约而同地倾向于采取"热情"和"能力"两个维度，来评价自己人际互动的对象。一方面，人们偏好与相似的人同行，以此来满足自我提升（Self-enhancement）[①] 的需要；另一方面，人们又仰慕强者，想和成功者和掌权者结成同盟。我们每一个人在对建立影响力的策略形成看法时，都应该以这些社会常态为基础。

再次，我教过很多学生，当中不乏女性和有色人种，她们都告诉我，这些权力法则对她们来说反而更加重要，理解权力的变化规律对她们的成功产生了许多助益。比如，塔蒂娅·詹姆斯（Tadia James）的故事就很典型。詹姆斯目前就职于一家风险投资公司并发展得不错。前文我们提过，在金融业，全球 69.1 兆美元的金融资产中，只有不到 1.3% 由女性和少数族裔掌管。女性想要在该领域取得成绩着实不易。但詹姆斯做到了。詹姆斯告诉我，她逢人便推荐我上一本关于权力的书，还向我分享了自己的推荐理由。对于我的书和课程一直以来存在的反对之声，尤其是对这些内容可推广性的质疑，她表示：

> 在课堂上，人们经常会有一种抵制倾向，因为他们总觉得，“噢，如果你是有色人种，这些法则可没有用；如果你是个女的，这些法则也没有用。”但是，从我的体验来看，情况完全不是这样的。要想长足地发展自己的事业，知道怎么另辟蹊径、怎么广结善缘来让别人愿意亲近你，这些都异常重要。我觉得，找借口说“这对我可没用”很容易，而真要为了获得权力、做成想做的事付出切实的努力，有时还得经历各种各样的不适，这点很难。所以，对于很多人来说，简单地说一句“这不适合我”比付出实际行动要轻松得多。而且这样一来，他们的自我感觉也会更

① 指个体在社会比较中努力保持和提升自尊的倾向。通过自我提升，人们希望对自己产生满意感、能力感和有效感。——编者注

好，毕竟，如果他们已经知道了什么策略行之有效，明明可以改变现状却无所作为，还怎么好意思抱怨现实呢？

因巴尔·德姆里（Inbal Demri）是一位总裁教练，她跟我在线上和校内课程中都有过合作。在斯坦福大学，她致力于推动女性角色在管理层中发挥更大的作用。在谈到认知重构的时候，她是这样说的："铸就权力所需的品质和技能都是可以学习和开发的。权力的竞技场充斥着不公，比如，拿在女性手里的往往就不是什么好牌。"但是紧接着，她问："面对这样的现实，你是要把它当作自己碌碌无为的借口，还是把它看作辅助自己决策的信息呢？"德姆里想强调的是认知重构的重要性。就拿性别角色期待（Gendered Expectations）来说吧，德姆里指出，人们总希望女性乐意用与朋友相处的方式建立人际关系，而她却觉得："我们应该认识到，有策略地建立关系、留心利用互惠规范也很重要，毕竟，女性同样需要拥有不同类型的人脉关系。"就个体显示度（Visibility）的问题，她认为可以这样想："在某一方面显得绝无仅有或是凤毛麟角，其实可以让你脱颖而出。既然如此，不妨好好利用这种天然的与众不同带给你的显示度，让它成为你独特的优势。"再如，人们通常认为女性应该乐于助人，支持他人，并时时为超越自身的更大利益着想。德姆里却认为："就算要为他人着想，也千万别忘了要为自己争取，别真的把自己的利益和规划都抛在脑后。如果连你自己都不为自己打算，还怎么指望别人会考虑你的利益呢？"

德姆里最根本的观点，其实跟我听到许多成功的女性和有色人种说过的一样：世界并不公平，前路布满荆棘。于是，许多人以此为借口缴械投降，从未想过哪怕仅仅试着获得权力。可是，这么做只会让他们踟蹰不前。人们应该充分认识到，自己会因为种族、性别、社会阶层等因素面临各式各样的困难，可这样还不够，人们还需要掌握权力的技巧和法则，用它们来开辟更光明的前途。或者，大家可以参考艾莉森·戴维斯－布莱克（Alison Davis-Blake）的观点。这位女士曾先后成为美国明尼苏达大学卡尔森管理学院和密歇根大学罗斯商学院的首位女院长，后来又成为本特利大学的校长。她曾对我课上的学生说："为了得到一半的认可，女性要有两倍于男性的优秀。所幸，许多女性有四倍于男性的优秀。"

当然了，你大可以根据自己的风格、根据实际情况灵活运用权力的法则。不过，不管怎样，请务必用它，因为它真的很有用。

7 RULES OF POWER

法则 1

摆脱定式：

从自己固有的局限中挣脱出来

追求权力，
是一件卑鄙的事情吗？

我以前的学生克里斯蒂娜·特罗伊蒂诺（Christina Troitino）此刻正坐在我的办公室里。特罗伊蒂诺早前在一家非常光鲜的企业里做管理咨询。后来，她回归校园，在商学院学习。再后来，也就是现在，她在硅谷一家显赫的公司从事营销分析相关工作，近期还完成了一个能带来 400 万美元经济影响的大项目。眼下，特罗伊蒂诺面临着一个问题：公司里还有三个像她这样的角色，其中有个人跑到他们的上司面前，提议让特罗伊蒂诺和她的团队以后都向自己汇报。此举非常精明，因为一旦提议被采纳，这个人不但可以成功地压下一名竞争对手，还可以从此把特罗伊蒂诺团队出色的工作都变成自己的功劳。

作为一名亚裔女性，特罗伊蒂诺的家教历来要求她彬彬有礼，她也一直信奉着“一分耕耘、一分收获”的成功哲学。特罗伊蒂诺告诉我，其实，在这次来找我讨论如何从获得权力入手（或者照她自己说的“通往权力的道路”）解决问题之前，她还尝试过一种非常不同的干预方法。“人际动力学”是斯坦福大学商学院最热门的课程之一，同学们总打趣地说它“婆婆妈妈”，这门课意在训练学生的敏感性，让大家理解他人如何看待自己，从而学到建立人际关系的技巧。

我问她，课程内容和她面临的状况有什么关联呢？她告诉我，这门课能教大家如何了解自己和他人，从而修复恶劣的人际关系。那效果如何？她回复，不是很理想，因为从一开始，她的同事——或者不如说她的竞争对手，对跟她建立良好的人际关系或是修复她们之间的摩擦根本就不感兴趣。这位对手唯一在乎的，就是促成他的计划，统领特罗伊蒂诺和她的团队。

在一起制定策略前，我向她指出了一点：在我们短短的对话当中，她已经数次提到，自己是唯一的女性（其他三位同事和她的上司都是男性），最年轻，在公司的资历也最浅。我知道这些都是事实，但我对她说：“我还可以再用三种完全不同的视角来描述你，那就是只有你拥有顶尖商学院的 MBA 学位，只有你这么精通数理分析，也只有你曾经运作过带来这样大经济影响的项目。”听到这话，她很赞同，稍稍坐直了些。“所以呢，”我告诉她，“现在我们就有六个不同的视角了。至于今后你究竟要一直想着哪三个，全看你自己。”人们看待自己的方式必然会影响自己展现给他人的形象。这告诉我们，应该多多使用能彰显权力的视角描述自己。至于那些可能贬低地位和形象的自我描述，无论它是否公正、准确，我们都应该尽量避免使用。

特罗伊蒂诺最终赢得了权力的斗争，不久后去了另一家公司。当她在那家公司中的引荐者输掉了权力之争、被迫离开后，她又换了一家公司。

在新公司，她的数理分析技能受到了更大的重视。现在，这家公司已经上市且市值庞大。特罗伊蒂诺获取影响力的道路并非始于什么具体的技巧。技巧固然重要，但在那之前，她先要具备恰当的自我认识，给自己赋予权力，相信自己值得一切。唯其如此，她才能应对组织生活中常态化的权力竞争。

这种故事简直是老生常谈：某人明明天赋异禀，也确实取得了很多杰出的成就，却偏偏纠结于那些削弱自身权力的自我描述。而一旦真的内化了这些自我描述，他的事业前景就将受到诸多限制，这是很不应该的。只有权力在握、功成名就的人在诉说人生历程时，才总会对自己的天赋和成就轻描淡写。然而，对我们而言，这样的行为百害而无一利。

许多人深受“冒充者综合征”（Imposter Syndrome）的困扰，这种情况在专业群体（如医疗从业人员、学术领域的教员和博士生等）中特别普遍，其中的女性、第一代大学生[①]等长期遭受歧视的人群尤其如此。“冒充者综合征”是一个心理学术语，表示一种特定的行为模式，即个体即便已经具备诸多能表明自身成功的外在证据，却还是会怀疑自己的能力，为自己“名不副实”的“真面目”可能暴露在众人面前持续担惊受怕。对冒充者综合征的最初描述要追溯到 1978 年，但直到近期，相关研究成果才开始被广泛传播。在特定情境中，受冒充者综合征影响的人群比例高达 2/3。我们应当注意的是，冒充者综合征会让人陷入自我挫败的恶性循环之中：“冒充者”们总觉得自己要失败，没法高效地工作。长此以往，他们就变得更加缺乏安全感、更爱拖延。

---

① 指的是家族中的第一代读大学的学生，在美国，有色人种和少数族裔是现在第一代大学生的主要成员，他们也是“冒充者综合征”的主要受害群体之一。——编者注

在一堂探讨个人品牌的课上，一位拥有医学学位、非常优秀、优秀到足以让她被斯坦福大学录取的女士向大家讲述了自己在职业路上成长与发展的动人故事。课后，她坦承，自己在面对全班同学时其实非常紧张，心跳得很快。自信总能比迟疑带来更好的反响，然而人们有时却不免要露怯。更何况，要是冒充者综合征足够严重，人们根本不会愿意表达观点、展现自己。这种情况是真实存在的，它对人的成功有着很重要的影响。

克服冒充者综合征的一种方法是关注职位比你更高的人（如果有的话），思考他们与自己有什么区别。你会发现，很多人并不真的比你更有资格，有时成功不过是运气或家庭出身的产物。另一种方法则是像上面这位女士以及其他很多人做的那样：推自己一下，逼自己一把，即使状况令人不适，也一定要展现和推销自己。随着经验的积累，你会变得越来越自在、越来越娴熟。克服冒充者综合征正是你迈向权力的第一步。

消除冒充者综合征、摒弃自我抨击且改用更积极的方式描述自己，对获得权力与成功非常关键。**如果连你自己都不认为自己有权力、有能力、值得更好的结果，那么你也将很可能通过微妙的（有时甚至是明显的）方式向别人传达出这种消极的自我评价。**别人对你的看法不大可能比自己更高。某种程度上，同事们都默认你会主动为自己发声、积极争取；如果你不这么做，这反而会成为别人抵制你的理由。在我和知名社会心理学家罗伯特·西奥迪尼（Robert Cialdini）[①]合写的一篇文章中，我们写道："已经有证据表明，对自己和自己的工作缺乏积极的主张，可能于无形中释放

① 西奥迪尼被称为"影响力教父"，他所著的《影响力》（*Influence*）一书，从专业角度阐释了顺从他人行为背后的六大基本原则，该书曾获得美国心理学会、美国心理学基金会年度大奖提名，该书中文简体字版已由湛庐引进，北京联合出版公司 2021 年出版。——编者注

出消极信号。”所以，如果你不在言行中彰显权力与自信（在后文中，我们会更详细地探讨通过肢体语言和声音彰显权力的重要性），如果你对自身的描述只展示了“燕雀之志”，最终被拖累的将会是你的社会地位和事业发展。

不妨试试下面这个实用的小练习并不时重温一下，它或许对你个人的发展有益。先想一想以下几个问题：

- 你通常会用哪些词来描述自己呢？
- 向自己描述或向他人描述时，分别又是怎样呢？

把它们写下来，找朋友们一起看看这些描述是不是准确。接下来，你得扪心自问：

- 如果要凸显自己的权力，有哪些描述是应该摒弃的？
- 在与他人互动的过程中，你又用了哪些积极的描述来彰显自己的成就和资格呢？

另一个相关的练习可能也会有所帮助。

- 记录下自己在一天或一周当中参与的和专业、工作有关的人际互动情形，并好好分析一番，你有多少次沟通是以“抱歉”来开场的。比如，“抱歉打扰了”“抱歉打断一下”“抱歉占用了你的时间”，或是因发表自己的看法而道歉。

- 请朋友和同事来评价自己，看看在他们眼里自己是否经常主动参与讨论、强硬地提出观点，是否总是在互动之中为自己将要发表的观点表示抱歉。

你还应该试试这个练习：

- 当你向别人介绍自己、阐述自己的事业发展或建立个人品牌时，你有没有谈及自己的成就、资质与成功事迹呢？

- 还是说，你会刻意显得谦卑自持、刻意轻描淡写，想要掩饰自己的成绩、职位、荣誉和天赋呢？

类似的练习可以帮你认识到，无论是在内心深处对自己的看法上，还是在对外展示的形象中，你可能都有许多下意识的、过度谦虚的倾向，这些倾向让你作茧自缚。如果不做出改变，你将无法有效地对外展示出权力，更无法真正获得权力。**改变的方法其实也比想象中要简单得多：先从一言一行的微小改变开始，随后你会发现，你对自身的态度会逐渐变化，而周围的世界也将不再那么难以立足。**自我知觉理论（Self-perception Theory）解释了背后的原因："个体其实是通过观察自己的外在行为来推断和'了解'自己的态度、情绪以及其他内在状态的。"人在试图理解自己的态度时会借助可得的信息，而有关自身行为的信息最为凸显，它对人的观念和态度影响巨大。因此，你要是想变得自信，可以先表现得更加自信；要想拥有权力的感觉，可以先用更有权力的方式描述自己。

我们总在担心这样那样的事情，比如，担心同公司的竞争对手妨碍自己晋升，担心上司对自己产生负面的看法，担心自己具备的技能是否足够……这些考虑固然很重要，但在获得权力的道路上，我们最大的障碍或许就是自己。因此，获得权力的第一个法则就是摆脱定式，从自己固有的局限中挣脱出来。

事实上，你完全可以做好这一点。举个例子，在斯坦福大学商学院，我们给学生打分的一部分依据是他们的课堂参与表现。每学期新课程开始时，总会有学生找到我说，参与课堂讨论对自己来说很困难、自己很害羞、觉得自己对讨论没什么好补充的、自己不像别人那样能说会道、自己的母语不是英语，等等。我也总是做出同样的回复：社会生活乃至组织生活的大部分活动都以对话和沟通为载体。为此，有一个专门的社会学领域研究“会话分析”。已故的戴德利·博登（Deidre Boden）在斯坦福做博士后研究员时曾经和我共事过一段时间，他写了一本书，探讨商业中的语言与沟通相关问题。我想表达的是，如果这些学生想要最大限度地发挥自己的才智，那么，在这些组织生活中必不可少的对话和沟通过程中，他们就必须始终保持昂扬的精神面貌，而我的课堂刚好为他们开启类似的尝试提供了一个风险最低的场合。在课程结束时，学生们往往满怀激情和能量，他们已然深入参与到讨论之中，这是他们最初想都不敢想的。他们在短短十周的课程中取得了丰富的学习成果，但即便没有这些，仅仅是为课堂参与、为突出表现而付出的努力本身，也已经非常有意义了。

在 2020 年的冬季课程中，我有幸把克里斯蒂娜·特罗伊蒂诺请到了课堂上。她做了很多了不起的事情，在后文讨论“打破规则”时，我还会选择其中的两件事情来详细地讲一讲。特罗伊蒂诺一家长住委内瑞拉，这些年来她亲历了很多困难的时期。特罗伊蒂诺的许多成就都需要异于常人的勇气才能取得，所以我非常好奇，她究竟经历了哪些心路历程才能摆脱定式，变得这样英勇无畏呢？她告诉我：

> 我一直觉得自己是个“不知羞耻”的人。大学毕业后刚参加工作时，我在公司几乎没有任何权力可言。我的第一份工作是在亚马逊，入职后不久我就发现，这里的员工事业前景很不乐观：有的人论能力数一数二，可最终未必真的能掌权。那段时间，《纽约时报》披露了亚马逊落后的人力资源管理现状，我所在的团队甚至还因为员工管理问题特别严重见诸报端。①
>
> 我还很快弄清了另一件事：对于像我这么年轻的人来说，要变得有权有势，紧跟公司的步伐、逐级晋升这种传统的路径根本走不通。除此之外，我是西班牙裔（还当过商学院西班牙裔学生会的联席主席），又是女性，这在科技行业简直是少数中的少数。显然，如果要和那些本来就更有特权的人同台竞技，获得等同的权力，我除了另辟蹊径别无他法。

特罗伊蒂诺确实用与众不同的方式达到了自己的目的，在后文中，我还会更详细地叙述个中情形。她的故事给了我们两点非常重要的启示：

- 过往的经验让她明白，世界是如此不公，因此她必须为自己主动争取。这一点不仅适用于女性或有色人种，也同样适用于具有特权的人，乃至所有人。

- 特罗伊蒂诺展现出了异常清醒的自我认识。她很清楚在实现目标

① 2021 年 10 月，《纽约时报》披露了亚马逊内部广泛存在的人力资源管理问题。相关问题不仅涉及一系列使企业人力资源运作低效的管理实践，还包括大量违反法律的做法，如以“错过工作任务完成时限”为由直接开除依法享受带薪假期的员工等。——译者注

> 的过程中会面临哪些困难，也很清楚自己如果要克服困难、取得成功，只能另辟蹊径。

所谓“另辟蹊径”，正是我们会贯穿全书、反复讨论的重要主题，也是后文“打破规则”的重要内容。在弱肉强食的丛林中，清醒的自我认识能让我们摆正自己的位置，让我们知道如何赢得一场又一场生存的鏖战。在这一点上效法特罗伊蒂诺的做法，无疑能让我们每一个人从中受益。

不要逃避权力

一个人可以为了获得权力做到什么地步，或者根本上想不想获得权力，都取决于他自己。这些年来，不计其数的人对我说过，如果选择操弄权术、逢迎上司，更有目的、有策略地建立人际关系，或是努力让自己的成就为人所知，他们也可以变得更有影响力，但这样做不值得。哈佛商学院教授罗莎贝思·莫斯·坎特（Rosabeth Moss Kanter）在 1979 年也写道：“权力是美国人秘而不宣的脏词……拥有它的人不会承认，企求它的人不愿显得饥渴，利用它的人只敢暗度陈仓。”

人要是把权力看作邪恶、肮脏的东西，便会对它深恶痛绝、不愿参与这个“游戏”。我的同事德博拉·格林菲尔德（Deborah Gruenfeld）写了本很棒的书，也叫《权力》（*Acting With Power*），有篇书评对它大加赞誉，其内容恰好也道出了我听许多人都表达过的感受：“我眼见着一些领导人利用权力追求自己的利益，所以我对拥有和使用权力没有半点渴望。对我来说，它只是位高权重之人用来胁迫别人按自己意愿行事的工具。”看到权力被用来抬高自己、伤害他人，人们便放弃了对权力的追求。然而，人们也会为此付出代价：我在前文中提到，政治技巧关联着事业成功与人生幸福的方方面面。

我想试着帮助人们至少先在想法上变得更灵活、更有策略，于是在课堂上布置了阅读任务，让大家读一篇关于美国男子足球的文章。这篇文章提出了一个很有意思的问题：如果一支球队不擅长或者拒绝“演戏”，它的境地是不是就变得非常不利？《纽约时报》有篇文章是这样评价的：“抛开是非评价，‘战术’和‘修饰’（如果你的原则性很强，也可以干脆把它叫作‘作弊’）其实本身就是高水平足球运动的一部分。球员极力夸张彼此的碰触，放大琐碎的事物。明明只是微不足道的擦撞，他们却表现得像发生了致命的事故。”这样一来，球员们就可以制造犯规、获得任意球或把对手罚下场，增大赢面。这篇文章还列举了许多球星，“一旦势头不妙、眼看要失去球权，他们常常毫不犹豫地往地上摔去。这是为何呢？因为反正球已经要丢了，如果策略见效，他们还可以收获一枚任意球。”西蒙·库珀（Simon Kuper）在《足球经济学》（*Soccernomics*）一书中就曾提到：“英格兰球员历来不屑‘跳水’的文化传统固然值得钦佩，不过倘若他们能稍微学学欧陆球员出神入化的骗犯规技巧，也许就能赢下更多比赛了。”

在足球和篮球的世界里，“骗犯规”比你想象的普遍得多，也并没有那么为人不齿。为了取得成功，不同人愿意采取的手段大相径庭，所以，你自己不愿意广结人脉、不愿意奉承别人或者不愿意推销自己，绝不代表你的竞争者们也会像你一样束手束脚。要是周围的人都乐于运用技巧来建立权力，那么，你自己越是抵触，就越有可能陷入劣势。

至此，我想表达的根本观点是：选择权在每个人的手里。人不仅可以选择如何看待自己，也可以选择在权力的纷争中做些什么、不做些什么。

你可以选择加入战斗，也可以选择退出。你可以找遍理由自我设限，但你也可以像特罗伊蒂诺那样“出奇制胜”。

所谓“千方百计达到目的”有一重关键的内涵：纵使面对无数反对、批评、困难、挫折和失败，也依然要坚定、努力地建立权力、促成想做的事情。在漫长的人生和职业生涯中，我们都不免会在某个时间点上陷入看似难以克服的困境，被紧咬不放的对手抨击诋毁、造谣中伤。人总会遭遇困难，因此我坚信，意志力与适应力，即遇事既能坚持到底，也能保持机警、必要时调整方法策略，是否拥有这两种能力决定了人能不能攀上权力的顶峰。

意志力和适应力的作用已经在许多实例中得到证明。加利福尼亚州议会历史上任期最长的议长威利・布朗（Willie Brown）年逾八十还是当地政坛最有权势的人物，可他首次参加议会竞选时，以及第一次竞选议长时，也曾经历过失败。阿瑟・布兰克（Arthur Blank）和伯纳德・马库斯（Bernard Marcus）最初被丹氏家居（Handy Dan）开除，可随后便在同样的家居建材零售领域创办了家得宝（Home Depot）。奈飞（Netflix）的 CEO 里德・哈斯廷斯（Reed Hastings）早期创立了精纯软件（Pure Software），这段经历也是磕磕碰碰的。哈斯廷斯表示，他在那段时间做了一连串错误的管理决策，这让他总觉得自己成事不足、败事有余，因此，他两度请辞、要求董事会另寻 CEO 人选。[①] 我自己的学术生涯同样

① 据哈斯廷斯所说，董事会拒绝了他的辞职申请，理由是他们“宁愿承受目前哈斯廷斯可能带来的失败，也不愿承受更换这位有才能的 CEO、另选他人带来的更大风险”，这一理由也暗示哈斯廷斯虽然做出了失败的管理决策，但也确实有董事会认可且不愿放弃的管理业绩。——译者注

一波三折。起初，我只能先在伊利诺伊大学厄巴纳－香槟分校的商业与工商管理学院工作，因为当时许多更知名的学校都没有录用我，而时任系主任的杰格迪什·谢斯（Jagdish Sheth）希望打造一个多元化的机构，正需要像我这样的“非主流”人士。8 年以后，我已经成为斯坦福大学商学院的全职教授，敲门砖正是过去让我在初入人才市场时屡屡碰壁的、关于资源依赖理论（Resource Dependence Theory）的博士学位论文。

萨菲·巴赫尔（Safi Bahcall）有本书叫《相变》（*Loonshots*），它的副标题很有意思：“组织如何推动改变世界的奇思妙想”。既然是“奇思妙想”，那么自然地，在诞生之初，它们可能毫无用处，还可能引起许多质疑。在书中，巴赫尔援引了很多人的例子，其中就包括了朱达·福克曼（Judah Folkman）的故事。福克曼生前是一名儿童外科医生，在波士顿儿童医院工作。若他如今还健在，完全有资格获评诺贝尔生理学或医学奖。原文如下：

> 1971 年，福克曼提出，癌细胞会与自己的宿主发生交互，它们传递出欺骗性的信号，促使周围的组织提供利于肿瘤生长的环境……他认为可以研发一种新药物，其原理是破坏供养肿瘤的血管，阻断这种欺骗信号的传播路径。换句话来说，这种药可以“把肿瘤饿死”……此后的 30 年间，几乎每隔 7 年，福克曼都要经历新一轮大起大落，他的想法每每惨淡收场，尔后又起死回生……直到 2003 年 7 月 1 日……这一年，距离福克曼首次提出这种新型癌症疗法已经过去了整整 32 年……杜克大学的肿瘤学家赫伯特·赫维茨（Herbert Hurwitz）在对一种名为“阿瓦斯

> 汀”（Avastin）[①]的药物进行试验时发现，它的疗效数据竟然能够复现福克曼的研究结果……在迄今为止研发出的药物中，阿瓦斯汀能最有效地延续结肠癌患者的生命……顷刻之间，一切都明朗起来，这种药物和福克曼的设想无疑将给癌症治疗带来颠覆性的改变……要是福克曼还在，他大概会说：“要想知道什么人是真正的领袖，只消看看谁承受的明枪暗箭最多。”

如果你渴望权力，就必须坚强起来，不畏反对、不惧挫折地坚持到底。**具备意志力与适应力的前提在于保持稳定的自我强度（Ego Strength）[②]，不囿于他人的态度，不轻易受到问题和批评的打击而偏离正轨。**事实上，正如很多其他铸就权力的个人品质，意志力和适应力同样可以在练习、体验与社会支持三者的共同作用下得到提升。

为何势单力薄者永无出头之日

许多负面的心理过程会把人困在权力低微的境地里。不过，正如我一直在说的，我们总可以克服这些困难。

七八年前，我认识了博士生彼得·贝尔米（Peter Belmi），后来，我们合作进行了很多研究。贝尔米在我的“权力之路”这门课上当过两年助

① 阿瓦斯汀作为抗肿瘤药物，其作用原理为抑制血管内皮生长因子的作用、阻断血管生成，从而切断人体组织对肿瘤的血液供应，正符合福克曼最初设想的原理。——译者注

② 自我强度是指一个人应付困境和承受压力的内在心理强度。自我强度高的人，容纳糟糕情绪的能力更高，遇到挑战和困境时，更易自我开解。——编者注

教，他有着菲律宾血统，认为自己的阶层背景低微。最近他告诉我，这门课让他醍醐灌顶。贝尔米研究过众多课题，不过他最关注的是，除了外在的结构性原因，有哪些内在的心理机制同样造成了地位和权力的巩固和延续。具体而言，一方面，地位当然可以随着继承代代延续，上流社会的人们也可以发挥自身在教育等方面的既存优势，让后代继续享有同样的优势。可是，贝尔米关心的是，另一方面，究竟是什么样的心理过程加剧了权势的固化，让地位卑微的人无法完成阶层的流动。他认为，不同的社会阶层之间存在社会和行为规范的差异，正是其中的某些差异妨害了较低阶层中人们的事业发展。

贝尔米如今在弗吉尼亚大学任教，他和不列颠哥伦比亚大学的社会心理学家克里斯汀·劳林（Kristin Laurin）开展了 7 项研究，检验不同阶级的人在谋求权势的倾向上以及在采取不同策略获取权力的意愿上都有哪些差异。贝尔米和劳林总结出了人们追求权力时遵循的两种基本模式：

- 亲社会模式，即通过努力工作、帮助同事等方式，以自身对集体的贡献获得权力；

- 权术模式，这和我教的内容如出一辙，它包括策略性地选择行动、奉承位高权重的人、建立可利用的人脉，以及宣扬自己的成就。

两人发现，人们对两种策略有效性的看法本身并没有阶级差异，也就是说，不论来自怎样的社会背景，人们总体认为这两种策略都是有用的。然而，不同人采取不同策略的意愿却有区别，在实际行动时，社会阶层较低的人对权术明显更加抗拒。

贝尔米和劳林做的一项研究相当有趣。为了最大限度地避免社会影响和社会传染效应的干扰，他们选在斯坦福商学院某届 MBA 项目开始的第一周进行研究。

权力实验　7 RULES OF POWER

贝尔米和劳林向学生展示了 7 门组织行为学相关课程的描述。这些课程都是该项目第二年的选修课，其中就包括了“权力之路”。随后，他们下发了一份反馈课程意向的问卷，同时还调研了学生对童年时所处社会阶层的主观感受。调研结果和研究者的预期完全一致：对“权力之路”感兴趣的学生人数最多；与此同时，不同阶级的学生对其他各门选修课的偏好并不存在差异，但对“权力之路”这门课偏好的差异则是显著的。

贝尔米认为，社会阶层之所以能影响人们运用权术手段牟求权力的意愿，有一个重要的原因：相对而言，在较低的社会阶层中，集体主义倾向往往强于个人主义倾向。这种差异可以在相当多的研究中找到佐证，它意味着，如果要让阶层背景较低的个体将一己私利作为行动的唯一目的，那么可能会引起他们更加强烈的不适。在另一项研究中，贝尔米和劳林发现，在亲社会的权力模式明确可行的情况下，不同个体追求权力的意愿并无差异。这同样表明，不同阶级的个体对权力有着相同的渴望，只是对运用权术手段的接受程度有所区别。顺着“集体主义和个人主义倾向的阶级差异”这一思路，贝尔米和劳林又做了进一步的研究，他们发现，如果引导人们把运用权术、追求权力看作阶段性目标，看作实现“帮助他人”的终极目标的必要手段，上述阶级差异就不复存在了。

我把这个见解融入教学后果然发现，如果先让大家看到某人采取了政治手段、用从中获得的权力使他人受益，大家就会变得更乐于接受相关概念、采取相应策略了。

在后一项研究中，贝尔米和同事们还发现，社会阶层越高，个体似乎越容易过度自信。毫无疑问，拥有更高社会阶层背景的个体会具备更良好的自我感觉，这将使他们在行为中展露更多自信，甚至过度自信。**过度自信有利于塑造旁人对个体的正面感知，它是社会阶层差异延续的机制之一。**我们在后文中还会更深入地探讨这个话题。研究指出，过度自信使个体显得更有能力，从而可以帮助个体在他人眼中树立更好的形象。

统摄权力相关行为的社会规范也存在着阶层差异。这种现象的例子数不胜数，其中我最喜欢的一个例子来自《卫报》上的一篇文章。主人公叫穆萨·奥阔加（Musa Okwonga），他出生于乌干达，是一名作家兼音乐家，这篇文章既是对他本人的访谈，也凝缩了其新书《身为其中一员：伊顿公学回忆录》（*One of Them: An Eton College Memoir*）的主旨。奥阔加在书中叙述了自己在伊顿公学的经历。他说，那里的大部分学生出身上流，认为自己生来就要主宰他人，因而也表现出相应的行为：

> 这些男孩……所在的班级被大家叫作“公子班”，他们似乎不受世俗意义上行为准则的约束……自出生起，我受到的教育都在告诉我，要想成功，与人和睦共处是很重要的。可是这些人对此似乎毫不感冒……我常常在思考，英国人所谓的公平竞争究竟意味着什么……越是长大，我就越怀疑：这个概念被创造出

> 来，是不是正是为了维护特定社会阶层的地位呢？我仔细观察了那些最有自信的同龄人后逐渐发现，上天赐予他们最重要的禀赋就是无耻。对英国上流社会的某一类人来说，无耻就是一种超能力……这让他们自在地穿梭于大街小巷之中，出入各种场合，予取予求。伊顿公学并没有教他们无耻，它只是让这项能力出神入化。

我的某位女性朋友曾在英国同等水平的女子学校就读。她告诉我，女性群体内部也存在着与奥阔加的描述类似的现象。在她的经历中，女性同样会习得无耻的技能并使之日臻完善，从而能在言行之间展现权力、铸就权力。

此外，人们采取政治手段意愿的区别不只存在于不同阶层之间。朱柏章（Buck Gee）和胡伟思（Wes Hom）都曾是技术行业非常成功的高管，如今都已退休。二人认为，放眼硅谷（以及其他各地），在层级较低的管理岗位上，亚裔人士的身影比比皆是，可是最终能升任高管的人却非常少见。他们希望为此带来一些有意义的改变，于是着手开展职业发展差距的量化工作，促成了一系列相关报告。当中一份早期的报告指出，众所周知，性别是造成职业发展中玻璃天花板效应的重要原因，但在硅谷，种族差异带来的影响竟是性别的 3.7 倍之多。报告提供了诸多相关的统计结果："白人男性成为高管的可能性比白人女性高 42%，比亚裔男性高 149%，比亚裔女性则高 260%。"

此前，朱柏章和胡伟思还与斯坦福大学商学院合作打造了一期高管培训项目，专门面向亚洲人和亚裔美国人，希望促进他们的事业发展。在众多可供选择的话题之中，二人从一开始就敲定，要把我的"权力之路"这门课程中的两个单元纳入该项目的教学安排。后来，在为期一周的项目里，它们也确实成了两个最令人振聋发聩、也最让人受益匪浅的单元，成功地让众多一直笃信世界公正、坚持慈悲为怀的管理者开始考虑新的可能性，尝试运用权力的策略。

西尔维娅·安·休利特（Sylvia Ann Hewlett）深入研究了北美企业中亚裔专业人士事业发展受限的原因。该研究的结果印证了她此前关于职场女性的研究发现：管理者面临着两种矛盾的角色要求。

- 领导者气质①很重要，也就是管理者应当积极作为，愿意站出来，通过一言一行显示自己的权力。
- 作为社会中的一分子，管理者也可能屈从于社会期许，这不利于建立管理者的威信。

女性面临性别角色期待的压力，如果她们遵循这种期许，就必须乐于助人、善于合作；而亚洲人则背负着严重的刻板印象，他们被套进“模范亚裔”的模板，只能依靠过人天赋和勤奋努力取得成功。休利特得出的结论是：女性或是亚裔美国人要想取得成功，就必须冲破那些违背自己意愿、妨碍自己“抛头露面”的刻板印象。

有研究发现，女性在社会支配倾向（也即对社会群体间不平等性的偏好）上往往低于男性。另外，也有数据显示，女性对拥有权力的态度更为

① 这关乎你激发信心的能力，.激发下属对追随你的信心，激发同事对你能力和可靠性的信心，更重要的是，激发高层领导们对你未来可以取得巨大成就的信心。——编者注

负面，也更不可能利用奖励和胁迫策略达到自己的目的。

有的人批评类似的观点，认为这是“受害者有罪论”，觉得偏见和刻板印象本来就不该存在。对此，无论是我、贝尔米，还是休利特，我们的立场都是一致的：刻板印象和它们蕴含的偏见固然非常不公，可它们依旧不同程度地存在于绝大多数组织之中。而且，人们唯一能真正控制的只有自己的行为。

因此，如果人们想达到更高的位置、拥有引领改变的力量，最好的办法就是弄懂眼前的游戏规则，想方设法在现有环境下取得成功。就算有的人想要改变环境，这也是必经的过程。除此之外，最重要的是要保持自我，千万别让外界关于性别、种族或者社会阶层的先入为主的观念干涉和限制你对自己的看法，“你是谁？”“你该怎么做？”“你能做什么？”这些问题的答案全在于你自己。要想取得成功，人必须发挥主观能动性，尝试施加影响和控制。

我以前的学生劳拉·埃瑟曼（Laura Esserman）是一名乳腺癌外科医生，同时也是推动医疗行业改革的领袖人物。2016 年，她被《时代周刊》评为“全球 100 名最具影响力人物”。有人曾把埃瑟曼评价为“一股自然的力量”。

我写了一篇有关她的案例的文章，在我们讲到这个案例时，她也会来到课堂上和大家一起讨论。埃瑟曼似乎从不按照性别刻板印象行事，她会骂骂咧咧，会发火，有时甚至会说脏话。我问过她对此有何看法，她在邮件里回复了我：

> 很多人都想把我贬到更低的位置上，可我偏不要。要挑战别人，让别人反思自己的陈旧观念，对于我来说没有任何障碍。我并不觉得我做的很多事情是“牝鸡司晨”，我不会让别人来打压我。聘用我的系主任以前对我说过：“劳拉，难道你看不到学科之间的界限吗？”我说：“有界限吗？我不觉得啊。”

你不必甘于局限，也不必屈从社会阶层、性别、教育背景或种族强加给你的社会期许。你大可以放手一试，追求权力，不过，你得先摆脱定式、愿意采取眼下必要的策略才行。

被“诅咒”的“真诚”

很多时候，人们对确凿的证据视若无睹。妨碍人们追求权力的一个原因可能是：长久以来，人们深受“真诚领导力”这类论调的熏陶，虽然类似观点的科学性有待商榷，但这些观点讲出来倒很振奋人心。人们一旦要追求“真诚”，要展现真正的想法和观点，就会觉得如果自己去广结人脉、趋炎附势、宣扬成就、索取资源以及刻意用有权力的面貌示人，就是对真实自我的背叛。因为这些做法都要求人们在人际交往中要有策略地采取行动，因此，获得权力很可能意味着“不真诚”。

然而，究其根本，真诚领导力其实是一个伪命题，它的危害涉及诸多方面。两位北欧学者在一篇获奖文章中撕下了真诚领导力理论的遮羞布，直指其经不住推敲的学术研究基础：

> 如今，主流的真诚领导力观点无不外表光鲜，它们深谙人们

> 的心理，不吝给出完美迎合意识形态的解决方案，但却无益于人们真正理解组织生活、理解领导者与下属的关系……像变革型领导力与真诚领导力这样广受青睐的理论存在着严重的缺陷……它们被大肆传颂和采用，但因为知识基础薄弱，这些空中楼阁已岌岌可危。

批评“真诚”的观点不只是为了学术的严谨。沃顿商学院教授亚当·格兰特（Adam Grant）发表过这样的评论：“我们正处在一个‘真诚’的时代。”可是，他话锋一转：

> 没有人想看到你表露无疑的真实……10 年前，作家 A. J. 雅各布斯（A. J. Jacobs）尝试过在几周之内完完全全地“真诚待人”。他对某位编辑说，如果自己还是单身，肯定会想跟她交往；他还向自家的保姆坦言，如果有一天自己和妻子离婚了，希望她能跟自己约会；他告诉岳父岳母，自己觉得跟他们谈话很无聊……不用我说你也可以想象他的这些实验会有什么结果。他总结道：“欺骗让我们的地球保持转动。如果没有谎言，伴侣只会劳燕分飞，员工只会卷铺盖走人，尊严会被碾碎，政权会被瓦解。”

真诚在很大程度上和与日俱增的自我表露需求是一致的。在这一点上，现有研究也提供了重要的证据：

- 随着工作与个人生活的界限逐渐模糊，展示个人信息的机会变得越来越多。

- 表露倾向发生了代际变化，相较之下，年轻一代员工会更加觉得与同事讨论个人问题是合适的、可以接受的。

- 展示自身的脆弱之处的确能拉近人际关系。数十年来，有关自我表露的研究都指出：分享私人信息、展现自身的脆弱，增进他人好感度，拉近人际关系。

不过，也有研究发现，展示弱点亦有不利的一面，特别是对于任务导向互动中占据较高地位、扮演领导角色的个体。这篇文章的作者总结道："通过三项实验我们发现，当高地位个体展现自身弱点时，其影响力会降低……感知的冲突会增加……好感度会降低……未来发展关系的意愿会降低……因为此举降低了个体的地位。"

无论怎么看待"真诚"，你都要懂得很重要的一点：权力的法则并不强求你改变自己的人格。所谓获得权力的行为和技巧其实并没有什么特殊之处，你可以学习它、练习它，并根据实际情况有选择地采用。而就算采用，也并不表示你就是一个怎样的人，不变成一个性格外向的交际达人，你也一样可以有策略地与他人互动；纵然内心并不笃定，你也可以自信昂扬地面对众人。我历来所教、所写的内容无非就是——无论你是哪种人，只要你愿意摆脱定式，去学习和实施上述种种做法，你的权力就会增加。

伦敦商学院教授埃米尼亚·伊瓦拉（Herminia Ibarra）在《哈佛商业评论》上发表过一篇题为《"本真性"悖论》（*The Authenticity Paradox*）的文章。前面提过，格兰特认为，人们并不希望看到他人完整、纯粹、未加粉饰的自我。伊瓦拉也进一步指出，人们对真诚的执念常常使自己故步自封，这使他们在寻求新工作、新职位时，无法有效地做出多样化的行为、运用不同的技巧。文章一开头，伊瓦拉就举了一个例子：

> 某医疗卫生组织有位主管得到了晋升，需要管理的下属变成了之前的数十倍之多。新官上任，她向大家表达了自己的紧张，表示自己担心不堪此任。她的坦诚适得其反，这让她在众人面前失了威信，因为大家想要的是充满自信、能够掌控局面的领导。

正如伊瓦拉所说，学习的定义本身就意味着，人在最初总会经历一段不太自然的过程。这时候，由于刚刚习得的行为常常还只是表面的形式，因此，我们很容易觉得自己所做的事情并非发自真心，而是充满了算计。然而，若是想要成长起来、承担更多责任，学习就是至关重要的。要是有人跟我说他非保持“自我”不可，我就会问他：你说的是哪个“自我”？是你 6 岁时的“自我”，还是 18 岁时的“自我”？人的“自我”一直都在变，而且许多变化之所以发生，正是因为我们用不同的方法做了不同的事情，毕竟，没有人生来就会走、会说话、会上厕所。我们应该庆幸，大多数人都不会一直“忠于”婴儿时的“自我”。**所以，别再用“尝试不一样的做法是不真诚的”这个借口麻痹自己了，尤其当这所谓的“不一样的行为”恰恰能助你走上通往权力的康庄大道时，你就更不应该抱残守缺。**

人想要保持真诚的理由可能有很多，我时常听到的一个是：如果你不真诚、想蒙骗别人，比如阿谀奉承，或对自己的意图言不由衷，你就会受到别人的藐视。到那时，无论你付出什么努力，都无法再取信于人，谁也不会站在你这边了。想法本身挺好，可惜无论在逻辑上还是在现实中都不太站得住脚。

为什么这么说呢？首先，人只会看到自己想看到的，相信自己愿意相信的。这是“动机型认知”（Motivated Cognition）研究揭示的一则简单原理，它更确切的定义是一种“个体用特定方式思考，以得出期望中结论的普遍倾向”，这种倾向广泛见于各个领域之中。人际关系领域的动机型认知研究相当深入，这类认知研究揭露了其中普遍存在的认知偏差：“信息接收者偏颇的理解和扭曲的记忆……帮助他们照着预先的动机，欣然相信自己的伙伴正如期望的那样热情响应。”一方面，人们总是有动力相信别人对自己有好的看法，对自己的利害上心；而另一方面，除非有特殊情况，否则人们没有多大动力去主动发现别人的欺骗。这正是谎言如此有用的原因之一。如果我们已经先入为主地相信别人会照顾我们的利益，那确实就不大有动力进一步探寻真相了。

其次，实证研究也在不断地印证一个事实，即人们分辨谎言的能力实在是一塌糊涂。一篇综述性文章指出：“人们并不能非常准确地识别欺骗……综观大量研究文献，人们辨别真伪的总体准确率不到 55%，而随机猜对的概率都有 50%。”比较不同研究、不同人群，这一准确率似乎没有什么差别。一项元分析研究得出结论：人们能从谎言的听觉线索中发现端倪，但很容易受到视觉线索的蒙骗；当人们预先有了相信他人的动机时，他们会更容易受到欺骗；个体总是倾向于认为自己互动的对象是诚实的。这项研究还发现，人们对欺骗行为的评价有着双重标准，在评判别人的欺骗时会比评判自己严厉许多。

人们受到动机型认知的驱使，又缺乏去伪存真的能力，那些“不真诚的行为”大概真的可以瞒天过海了。就算万一被发现了，也几乎不会有什么惩罚。

人们常说要“忠于自我”，要“找到自己人生的方向”，可这些说法过分观照自身，算不上领导者的成功之道。领导者需要同盟，需要支持者，所以他们一个首要的任务就是收买人心。**如果领导者不是忠于所谓的自我，而是去忠于他人的动机和需要，那么把这些人收入麾下就会容易得多。**

罗伯特·卡罗（Robert Caro）在为美国前总统林登·约翰逊创作的传记中，讲述了这位传奇人物穷极一生来研究他人并对他人的欲求了如指掌的过程。在关于约翰逊的纪录片《美国经历：林登·约翰逊》（*American Experience: LBJ*）中，历史学家多丽丝·卡恩斯·古德温（Doris Kearns Goodwin）讲到，只有 100 人规模的参议院简直像是为约翰逊量身打造的，他对每位议员的秉性、欲求、希望与恐惧了如指掌，在人际关系中游刃有余，总是能精准地说服他人按自己的想法行事。

如果你想获得影响力，找到盟友总是有好处的；而如果想获得盟友，显然，你必须能拿出吸引他们支持自己的东西。这种吸引力可能来自相似性，约翰逊就很擅长营造一种“同道中人”的形象。在和美国南方民众对话时，他会刻意加重自己的南方口音；只要场合需要，无论是面对自由派议员休伯特·汉弗莱（Hubert Humphrey），还是南方保守派议员理查德·拉塞尔（Richard Russell），约翰逊都可以表达出和他们相投的见解。可见，如果你希望别人支持自己，就得先回答一个问题：这对他们有什么好处？

威利·布朗曾任加州众议院议长和旧金山市长，如果读了他的传记你就会发现，他能同时与民主党、共和党人士保持融洽的关系。作为非裔美国人和民主党领袖，布朗反而借助了共和党人的力量当选议长，走上权力之巅。而同时，像约翰逊一样，布朗关注他人的需要，他从不只顾自己，还会频繁奔走，为其他民主党同僚的政治活动筹集资金，这使他在民主党中也很受爱戴。

政治领域的这些事实同样适用于各类组织。和你共事的每一个人都各有各的规划、不安、困难和需求。所以，别再纠结自己究竟是怎样的人了，去关注自己已有的和潜在的盟友吧。找到你希望争取支持的人，成为他们的“学生”。你越能早日做到这一点，就能越早具备洞悉人性的见地，有策略地建立同盟，也就能越早获得成功。

“好感度”悖论

让人自断前程、无法获得权力的另一个原因可能在于，人们都太在意自己是否受人喜爱了。西奥迪尼曾在关于影响力的研究中提出，“受人喜爱是权力的来源之一”，但执着于他人好感的更关键的原因却与权力无关，大多数人从小被教导要与人和睦相处，要建立热情友善的人际关系。然而，**担心别人不喜欢自己、过度关注他人的想法会成为我们获得权力的阻碍。**有一段关于撒切尔夫人的描述是这么说的：“世界主义者、英国政治家罗伊·詹金斯（Roy Jenkins）近乎惊恐地发现，她（撒切尔夫人）‘几乎毫不在意自己是否冒犯了他人’。”

如果把受人喜爱作为自己的目标，你可能会碰到一个问题：别人可能会觉得你能力不足。普林斯顿大学的社会心理学家苏珊·菲斯克（Susan Fiske）和一众同事为探究人际知觉（Interpersonal Perception）的基本维度做了翔实的研究工作。他们发现，在众多文化环境下，人们都会用“热情”和“能力”这两种维度评判他人。菲斯克的研究还发现，虽然这两种维度在定义上彼此独立，可人们却倾向于觉得它们是负相关的。这一倾向在艾米・卡迪（Amy Cuddy）的文章《别因为我太友善，就觉得我是笨蛋》（*Just Because I'm Nice*，*Don't Assume I'm Dumb*），以及哈佛商学院教员特蕾莎・阿马比尔（Teresa Amabile）的实证研究《聪明而残忍》（*Brilliant but Cruel*）中体现得淋漓尽致。在阿马比尔的研究中，被试会拿到负面或正面的真实书评。“虽然在单独评价书评的内容时，人们觉得正面评价文章的质量更高，可一旦涉及评论者本人，人们就会觉得给出负面评价的人更聪明、更有能力和更加专业……人们对负面评价者的好感度显著低于正面评价者。”对此，西奥迪尼建议要先展示能力，这样一来，如果以后你展示出热情的一面，别人就不会觉得这是软弱的体现。

以“赢得好感”为先还可能引发另一个问题。随着职位的提升，你会越发感觉到，各种评价标准只在乎管理者的办事能力，至于你是不是友善，似乎并不太重要。凯撒娱乐（Caesars Entertainment）的首席执行官加里・洛夫曼（Gary Loveman）曾经对我课上的同学说：“要想被喜欢很简单啊，养只狗就行了。狗肯定会无条件地爱你。”他告诉大家，在 2008—2009 年的经济大萧条期间，行业一度低迷，那时他不得不裁员数千人，这些人有的是单身母亲，有的是依靠就业健康保险生活的癌症病人，他们并没有多余的资产来抵抗失业的冲击。他直言，这一部分人以及他们的家人肯定不会“喜欢”他，可他必须保证企业的生存、保住其余员工的饭碗。

一项实证研究收集了人们的人格和事业发展状况的长期数据，并进行了相关的实验。这项研究提出了一个近乎挑衅的问题：“好人真的会有好下场吗？”和这个问题相关的人格维度是亲和性[①]。这项研究先回顾了亲

① Agreeableness，宜人性指一种倾向于合作、礼貌、可亲、友善的人格特质。

和性对用不同方法测量的事业成功以及谈判成果的负面影响，随后用多种方法颇为严谨地复现了相关结论。研究者发现，宜人性对所有人的薪酬都会产生负面影响，但男性受到的影响比女性更严重，这可能是因为，整体而言，人们对女性友善的期许比男性更高，所以友善的女性受到的惩罚比男性略轻一些。

该研究还探索了造成这种结果的具体机制，并发现：那些在意自己的宜人性是否够高的个体，可能会把维持社会和谐的目标置于事业发展目标之上，这会使他们更容易错失某些推进事业发展的良机。与此同时，“追求和谐的社会关系还可能让宜人性程度高的人过度遵循社会规范。”后文我们会分析打破规则对获得权力的重要性，而过于忧虑他人对自己的看法无疑不利于这一策略的实施。

宜人性的反面自然是独断性（Disagreeableness）。加州大学伯克利分校哈斯商学院教授卡梅隆·安德森和他的同事进行了一项长期研究，试图明确独断性人格，比如，自私自利、争强好胜、操纵他人对人们获得权力的影响。他们发现，独断性对未来的权力获得并无影响，既没有帮助，也没有害处。这是因为，独断性能够引起两种相互抵消的作用：

- 独断的人会做出更多支配性、攻击性行为，这一类行为能够正向预测权力；
- 独断的人做出的慷慨和群体行为较少，这对获得权力有负面的影响。

按照研究中的定义，独断性恰恰代表了一个人根本不关心自己会怎样影响别人，而如果这对权力都不会产生影响，那么就更可以说明，大多数人关于别人是否喜欢自己的担忧，已经远远超出了必要的程度。

还记得在引言中介绍过的鲁凯娅·亚当斯吗？这位在投资行业工作的有色人种女性曾跟我说起，人应该放下对他人是否认可和接受自己的过度担心，因为这些担心是很不利的。她表示："我明白怎样实现那些对个人来说非常有意义的事，我也明白在有的时候人就是要强硬一些。如果你有这特殊的见解，能够看透某些东西而别人却未必理解，那在某种意义上，即使别人不理解你，你也只能推他们一把了。"

亚当斯还提到了两件事，我觉得它们在她取得成功的过程中也发挥了很重要的作用。这两件事都跟"排遣被人接受的过度需要"有关。她表示，自己并不太担心"董事会怎么想"，也不担心"别人会不会邀请我参加花里胡哨的圣诞派对，会不会把我从上流人士野餐、聚会的邀请名单上除掉"。她表示，要想取得成功，人一方面需要保持谦逊、让别人跟你站在一边，另一方面也要有"高傲"的一面。"对于女性而言，'高傲'这一部分真的很难，我只能一直训练自己，好把头颅高昂起来。"

另外，亚当斯也提到不要去担心每一段关系、不要太在意别人的想法。她讲述了自己与一位非裔美国人在董事会共事的经历：

> 在他那个年代，所有人都得服从于森严的、白种人主导的权力结构。他对这种结构很是维护。在这一结构下，有色人种要想融入白人社会，都必须遵循特定的规则，有色人种女性穿什么衣服、剪什么发型也都有严格的规范……我的年代可不一样，所以他老是让我很恼火。后来我干脆不再管他怎么想了。学会放手让

我变得比他更有权力，最终我成了董事会主席。你得接受，有的人永远都不会理解你的想法，这也没什么大不了的。

已故乐手瑞奇·尼尔森（Ricky Nelson）有一首歌叫《花园派对》（*Garden Party*），当中有我最喜欢的一句摇滚乐歌词："没法让人人都高兴，那就去取悦你自己。"人人都有自己的社会认同，都本能地渴望被他人接受，譬如美国的军校一类的地方最严重的惩罚也莫过于社会排斥。然而，权力的第一个法则告诉我们，要承认和接受自己的本来面貌，但不能让过去的面貌定义未来的人生。**社会关系固然重要，可你不应该让被人接受的需要压过了真正想做的事情、牺牲了你自己的利益和规划。**简而言之，这条法则的含义，就是让你摆脱定式，付出实际行动，为权力打好基础，让你找到支点、实现目标。

7 掌控你的权力 Rules of Power

1. 多多使用能显示权力的视角描述自己，尽量避免使用那些可能贬低我们地位和形象的自我描述。

2. 你要是想变得自信，可以先表现得更加自信；要想拥有权力的感觉，可以先用更有权力的方式描述自己。

3. 世界是如此不公，因此你必须为自己主动争取。

4. 清醒的自我认识能让你摆正自己的位置，让你知道如何赢得一场又一场生存的鏖战。

5. 选择权在每个人的手里。你不仅可以选择如何看待自己，也可以选择在权力的纷争中做或者不做什么。

6. 权力的法则并不强求你改变自己的人格。

7. 社会关系固然重要，可不应该让被人接受的需要压过了你想做的事情、牺牲了你自己的利益和规划。

法则 2

打破规则：

把主动权彻底掌握在自己手里

为了获得权力而破坏社会规范，值得么?

有时，你若是希望出席高档晚宴，在当中拓展人脉、结识一些了不起的人，或是希望建立起自己的声誉、让自己组织众人促成事情的能力变得有目共睹，你就得打破一些规则。

我们可以先看看克里斯蒂娜·特罗伊蒂诺都做了什么。特罗伊蒂诺以前是我的学生，现在在 YouTube 工作。她跟我分享了自己设法“空降”到日舞影展[①]上的某个独家晚宴的经历。斯坦福商学院的学生们常常在帕洛阿尔托欢聚，除此之外，他们最爱去犹他州的日舞影展。每年，我都鼓励学生们挑战自己，在日舞影展上尝试一些平时在本地没机会做的事情，比如结识权贵，或者参加重要的集会。特罗伊蒂诺真的接受了我的建议。

① 日舞影展，又名圣丹斯国际电影节，是全球最具影响力的独立电影节之一。——译者注

特罗伊蒂诺打破了规则，她把男友带到了晚宴上，却没有向主办方事先知会自己有同行人。事实上，为了争得一个晚宴的席位，特罗伊蒂诺从一开始就已违背了社会规范和传统期待。她直接向主办方索取了参加晚宴的资格，而不是历经漫长时间来取得显赫地位，等着这个享誉盛名的内部活动主动向她发来邀请。关于自己为争取参加晚宴采取的行动，特罗伊蒂诺是这样描述的：

> 我一早就留意到了这个非常私人、非常独家的系列晚宴活动，它已经连续举办10多年了。2020年，我得知主办方会在影展中举办自己的迷你会议，来推广一个筹建中的非营利组织。我就想，今年我得想办法参加一次他们的晚宴。我找到了某个通用邮箱，发过去一条信息："嗨，我是克里斯蒂娜·特罗伊蒂诺，我给《福布斯》撰稿。我可以参加一场晚宴吗？"我看到有两场晚宴非常不错，一场和爱丽丝·沃特斯（Alice Waters）① 一起，另一场则有玛莎·斯图尔特（Martha Stewart）②。因为沃特斯平时就在湾区，所以我觉得自己总有别的机会见到她。主办方的公关团队给我回了一封邮件说："我们在周五有和爱丽丝·沃特斯的晚宴，周六有和玛莎·斯图尔特的晚宴。这里面有你感兴趣的吗？"我特意等了48小时才回复，好向对方传递一个信号：哇，这肯定是个相当重要的人物，连跟玛莎·斯图尔特吃饭在她的日程上都要往后排。最后，我回复说自己在周五没空（其实是有空的），但是可以参加周六的那场。周六一早，他们给我发来了邀

① "潘尼斯之家"（Chez Panisse）餐厅的创始人，食品行业的传奇人物。

② 美国模特、商人。1976年创立了Omnimedia，公司上市后，她成为亿万富翁。——编者注

> 请确认链接，表格当中有一项让我确认是否打算带随行人员。不过那时候我还不知道男友本晚上有什么打算，所以后来我直接和本出现在了晚宴现场。迎宾问我的名字，我说了。他们又问跟我一起的是谁，我说是本。“噢，我们这里没说你有随行人员。”两位员工面面相觑，随后说，“算了，你们两个都进来吧。”为了争得一席之地，我肯定得运用很多获得权力的技巧，破坏一些规则，让我自己显得比实际上更重要。

特罗伊蒂诺并没有满足于此。当新型冠状病毒感染疫情（下称“新冠疫情”）暴发时，她发起了一项叫“团队积极性传染”（Team Positivity Contagion）的运动，旨在通过线上社会活动让学生既能保持社交距离，又能维持相互连通。斯坦福大学的主导团队后来又编制了指南分享给其他学校，让“他们能在一夜之间搭建好一个类似的平台”。后来，大家决定发起一场慈善筹款活动，让所有高校团结在一起，“MBA 大逃杀”由此诞生。对此，特罗伊蒂诺介绍说：

> 有人半开玩笑地说，我们要是能争取到 MBA 麦哥（MBA Mikey）那就太好了。此人运营一个知名的社交媒体账户，常常发布调侃 MBA 相关经历的搞笑梗图，坐拥数十万粉丝。我只给他发了三句话信息：“嗨，我在斯坦福大学读过书。我们现在正在筹办一个 MBA 项目校际线上慈善活动。你要加入吗？”不到一小时他就回复：“好，算我一个。”接着，越来越多的网红开始帮忙推广，这也让这项活动比我们一开始预计的看起来更有公信力了。第十个加入的高校是哈佛大学，因为前期已经有很多其他学校参与进来，哈佛大学当然也不甘示弱。如果有人问我：“斯坦福大学批准过这件事吗？”我会说：“用不着。”斯坦福大学自然乐见其成，

> 因为这次活动为学校营造了良好的形象，吸引了很多的正面报道。最终，我们成功募集了 56 000 美元。从头到尾，包括前期筹备和实际运行，我们才花了一个月左右的时间。现在，所有参与的院校已经开始敦促我们明年再办一次。自始至终都是我负责联系所有其他的学校，所以大家都觉得我功不可没。人们时不时还会来问其他各种问题。大家都知道是我们在领导着一切。

在第二个事例中，“打破规则”意味着把主动权彻底掌握在自己手里，也就是不被动地等待许可，甚至不要求任何人的支持，而是俯身创造。特罗伊蒂诺就这么做了，她也因此得以将自己置于人脉网络的中心，打造了自己的招牌，让所有人都知道她有成事的能力。

当然，除了愿意打破规则，特罗伊蒂诺本身也具备一些其他优势，比如毕业于知名学府。不过，我依然坚信，她的例子蕴含了有关打破规则的普遍规律，这些规律对任何情形中的任何个体，几乎都适用。

打破规则为什么能带来权力

为铸就权力而打破规则、违背规范，本质上是要人们主动采取异乎寻常、出人意料的行动。其中，最关键的正是主动出击，务必切实地“做点什么”，比如，像特罗伊蒂诺那样主动联系高档晚宴的组织者、发起商科校际活动。

打破规则带来的第一种优势在于，违背规范、规则和社会传统，能让人看起来更有权力，进而真的给规则破坏者带来实权，这一观点确有心理机制的支持。打破规则为什么能带来权力？这一过程是怎样发生的？以下是几点解释。

一项发表在《社会心理学与人格科学》（*Social Psychological and Personality Science*）杂志的研究总结道："谁掌权，谁就说了算。位高权重的人不会笑容满面，他们常常打断他人，说话掷地有声……他们无须遵循那么多条条框框。"又或者用阿克顿勋爵（Lord Acton）① 的说法："权力必定要腐败、越有权就越腐败。"社会心理学家戴维·基普尼斯（David Kipnis）在一项实证研究中就引用、探讨了这一观点并加以证明。也就是说，拥有权力和破坏规则之间存在着一种启发式关联，即有权势者可以更随心所欲地违背规范、打破传统，不必担心产生什么后果。正因如此，这些人更有可能做出在社会意义上不妥的言行。基于此，荷兰阿姆斯特丹大学的社会心理学家赫尔本·范·克利夫（Gerben Van Kleef）和同事们提出了一个问题：打破规则真的会让人看起来更有权力吗？他们设计了各种实验，让参与者想象情景、观看影像以及进行当面互动，所得结果无一例外地证明，这种启发式关联并非空穴来风，打破规则的人确实显得更有权力。

权力实验　7 RULES OF POWER

实验一：研究人员要求参与者想象自己位于市政府的等候室中，准备更换新的护照。在违背规范的情境中，等

① 19 世纪英国知识界和政治生活中最有影响力的人物之一，著名的自由主义大师。——编者注

候室里的某个人径自走向无人值守的服务台，从咖啡壶里倒了杯咖啡；在控制情境中，这个人只是起身前往卫生间、随后返回。也就是说，在两个条件中，此人都做出了某些行为。对比两个情境下被试对主人公权力的评分可以发现，违背规范、自顾自倒了咖啡的人的权力比只是去了洗手间的人要高出 21%。

实验二：一位簿记员了解到，自己公司的财务报告有异常之处。在违背规范的情境中，这位簿记员表示，该情况司空见惯，外部审计人员发现异常的概率很小，因此在必要的时候大可稍加通融。在控制情境中，这位簿记员表示，他们会认真对待这一状况，即便外部审计人员不太可能发现异常，他们也应该遵守规则。结果表明，打破规则的簿记员无论是在权力方面，还是在行动意志、或者说选择自身行为的自由方面，都得到了较高的评分。

实验三：研究人员请参与者观看了一段在户外咖啡馆拍摄的影像。在违背规范的情境中，经过研究人员培训的演员把脚搁在旁边的椅子上，他点着香烟，任由烟灰撒落一地，还对服务生出言不逊。在控制情境中，演员对服务生彬彬有礼，把烟灰敲进烟灰缸，并没有把脚搁在别的椅子上，只是规矩地翘着二郎腿。参与者认为，这位规范破坏者的权力比控制情境中的主人公高 29%。

实验四：在真被试到达研究场地时，一位协助研究的假被试混入真被试当中，并在整个互动过程中做出了大量不妥举动。比如，假被试会姗姗来迟，把背包甩在真被试座位面前的茶几上，还把双腿直接架在桌面上，等等。参与者再次认为，违背规范的个体更有权力。

上述每项研究得到的评价差异都是显著的。

在汇报上述研究结果的文章中，克利夫和其他共同作者写下了这样的开头："也许人们总是期待着，逾越规矩的掌权者终有一天会众叛亲离、权力尽失……可是，有没有另一种可能，破坏规则反而恰恰强化了权力的感知？"破坏规则的能力是权力的试金石，一旦规则破坏者逃过了惩罚，他们便能释放出异于常人、更具权力的信号；而相较之下，一般人之所以循规蹈矩，想必只是因为别无他选。诚然，在现实中，真要通过破坏规则得到积极结果，要面临的约束条件还有很多。不过，我们仍然应该认真对待"打破规则、违背规范可能增强人的权力"这种思想，因为它不仅呈现了政治活动中的真实状况，也解释了工作场所中社会生活诸多方面的现象。

我们还可以注意到，特罗伊蒂诺采取的一系列微小而关键的行动，都是人们通常认为地位低下者不可能采取的行动。她只发了简短的邮件询问晚宴的事宜，只自称为《福布斯》撰稿而没有进一步提供个人信息；她特意延迟 48 小时才回复邮件说明自己打算参加的晚宴场次；宴会当晚，她还带着不速之客出席，没有事先通知活动的主办方。可能也正是因为这种种举动，特罗伊蒂诺才得以成功地让自己和男友参加了这场高规格晚宴。

打破规则的第二种优势是，大多数时候人们总是循规蹈矩，而打破规则的人常常让旁人一时间无所适从。这种意外的成分对规则破坏者来说是一种优势，因为这样一来，别人会来不及准备、不知如何反应。

我们可以看看贾森·卡拉卡尼斯（Jason Calacanis）的例子。他是一位互联网企业家、天使投资人、作家兼播客制作人。卡拉卡尼斯出身于中产家庭，但在上大学时，他们家发生了变故，财务状况急转直下。本来，他想读美国福特汉姆大学。那时，福特汉姆大学的招生负责人是埃德·博兰德（Ed Boland）。后来，虽然卡拉卡尼斯没能如愿，只能在纽约市立大学－布鲁克林学院就读，但他还是到福特汉姆大学上跆拳道课，还以此为借口，“合情合理地”未经预约就出现在招生负责人面前。他告诉我：

> 在我到那儿去之前，我已经找人帮我写了封推荐信。我敲开了博兰德先生的门，把推荐信递了上去。然后他说：“卡拉卡尼斯，你预约了吗？我的日程表上有你吗？”我回答：“没有，我只是来这里学跆拳道的。我想把这封推荐信交给你，而且我觉得你应该看看我第二学期的成绩。”……后来，博兰德先生打电话告诉我：“我要到耶鲁大学去了……不过他们问我，我在离开之前还有没有别的要求，他们会尽力满足。我告诉他们，我觉得他们应该招收 1988 年最离经叛道的学生……也就是你。”

要想继续在福特汉姆大学求学，卡拉卡尼斯还得寻求财务资助。他总是不能及时缴纳学费，所以到大学二年级的时候，学校就不允许他到校注册了。他跟我讲述了自己解决的过程：

> 我就在想，怎么做能有用呢？直接找高层最有用……其他级别的人无关紧要。所以，我直接走进了院长办公室，问院长在不在。接待处的女士告诉我：“他在办公室里。”我道了谢，就直接

> 走进去了。我说："院长好，我是贾森·卡拉卡尼斯。我很享受自己过去一年在这的学习生活，可是我现在马上就要被迫辍学了。"他问我："你预约了吗？"我说没有，但我真的需要跟他谈一谈。

这次会面的结果是，卡拉卡尼斯得到了商学院计算机实验室的兼职工作，时薪 8 美元，而他原来打的另一份工时薪只有 3.5 美元。卡拉卡尼斯表示，这些会面的经历让他底气十足，也让他更坚定地认识到，要努力把握住各种机会。

卡拉卡尼斯未经预约就闯入别人的办公室，正打破了通常与掌权人互动的规则，或者说是违背了社会对与人交往的普遍期待。因为出其不意，卡拉卡尼斯用过人的胆识和决心惊艳了招生负责人，让他愿意把自己招进福特汉姆大学。再到后来，院长为卡拉卡尼斯的突然出现倍感惊讶，他并没有事先准备好如何处理卡拉卡尼斯的财务问题，只能临场反应，帮忙联系商学院的计算机实验室，让卡拉卡尼斯得到了是以往两倍还多的工资。

使人意外之所以奏效，不仅是因为它乘人不备，还因为它确实会影响他人的情绪和认知。纽约市立大学－亨特学院前心理学讲师、现任终身学习实验室（LifeLabs Learning）联席 CEO 的塔尼娅·卢娜（Tania Luna）写了一本书，阐明了"惊讶"的神经生物学机制。卢娜在做客国际公众电台（Public Radio International）的访谈节目时提到，惊讶会让"人类的大脑停滞 1/25 秒。接着，它会触发某种东西……在那个片刻，人们会感到极度好奇，想弄懂正在发生的事情……惊讶还会强化人的情绪"。也就是说，意料之外的事件能让人们提起十二分的注意力、满足自己的好奇心。**你若是想给人留下记忆，可以试着在交往中让别人特别注意你，这对你或许有益。**

除了使人意外，在冲突中成事对于权力的获得也非常重要，这也是打破规则带来的第三种优势。冲突在工作场所中非常普遍。一项研究显示，平均每位员工每周几乎有 3 小时处于冲突之中。然而，大约 60% 的员工从未接受过有关解决冲突的哪怕是最基础的训练。训练的缺位，加之人们对他人接受和喜爱自己的渴望，使得人们在面对问题时，往往选择回避，而非正面解决。人们厌恶冲突，因此总想避免争吵。

到了真正行使权力的环节，你就会发现，别人并不会如你预期的那样反对你做想做的事，因为大家不想冒险和你正面冲突，进而陷入困难的沟通过程。因此，**如果你想做什么，成功率最高、生产力最佳的做法就是直接放手去做，等到木已成舟时再请求别人原谅，而不是一开始就征得别人允许。**一旦你已经把事情做成，它就变为了既定事实，覆水难收。除此之外，你所做的事情带来的一切益处和结果已经由假设变成了现实，这时，别人就更不希望撤销你已经完成的工作、破坏已经产生的效益了。比如，当特罗伊蒂诺已经成功操办了那场校际活动时，即便她没有事先获得批准，谁又会再苛责她呢？难道要批评她一边给无数学生带来了欢乐，一边还筹集了大量善款吗？

一旦你把什么东西落实下来，任他是谁，就算法官来了，也很难再让一切恢复原貌。事实上，任何事物，包括设立奖项、组织活动和举行典礼等在内，只要已经发生，再去撤销都要比直接接受困难得多。所以，有时即便是需要打破某些规则，你也应该先把事情做完，再慢慢应付各种后果。

打破规则带来的第四种优势基于一个重要的事实：规则和规范本身就向着规则制定者，也就是向处于权力优势地位的团体倾斜。既然如此，为什么要按照那些把你置于劣势的规则行事呢？

政治学家伊万·阿雷奎恩－托夫特（Ivan Arreguin-Toft）在他的著作《以弱胜强》（*How the Weak Win Wars*）中对这一原则作了非常精彩的阐释。

权力实验　7 RULES OF POWER

阿雷奎恩－托夫特深入研究了双方实力悬殊、军备水平和人员规模等方面的差距超过 5 倍的战役。在 1880 年到 2003 年期间，强方军队赢得了 71.5% 的战役。然而，把这些年份拆分成若干个更小的时间段后，阿雷奎恩－托夫特发现了一个非常有意思的状况：在 1950 年到 1999 年期间，弱方取得的胜利比强方更多，胜率达到了 51.2%。阿雷奎恩－托夫特进一步探究了其中的原因，得出了精辟的结论：当弱势者不按常理出牌，也就是采取了非传统战术时，他们的赢面可能会提高 28.5% ～ 63.6% 不等。

这一结论也成了马尔科姆·格拉德威尔（Malcolm Gladwell）在《纽约客》上刊登的文章《大卫如何击败歌利亚》（*How David Beats Goliath*）中观点的基础。

战场上的惊人真相在篮球赛场上也有迹可循：如果某支队伍在防守时完全采用全场紧逼（Full-court Press）战术[①]，他们将超常发挥，更频繁地赢得比赛。那些不遵循他人的期待、自己制定规则而频出意外之举的人，往往能获得远超想象的成功。

战争和球赛如此，商业世界也是一样。众多成功的、特别是极力颠覆现有产业和商业模式的企业家，无一不是“臭名昭著”的规则破坏者。一个极端的、广为人知的例子是埃隆·马斯克，也就是电动汽车和电池制造商特斯拉公司的 CEO。马斯克的成功得益于他并不按照惯例与监管部门融洽相处；相反，他总是和监管部门产生分歧。

可惜的是，规则破坏者面临着一个永恒的难题。我在后文会谈到，循规蹈矩、遵循传统观念是人类根深蒂固的行为动力。无论会引起怎样的后果，人们总是希望遵守规则。格拉德威尔就曾提到，在美国独立战争期间，乔治·华盛顿刚开始打赢英国军队，就马上让他手下的士兵穿戴整齐、用和英军一模一样的制式大摇大摆地行军。好景不长，美军又接连失利，华盛顿不得不让士兵们躲回树丛和石堆后面，重新埋伏起来。即使全场紧逼战术的效果总是更出色，采取这种战术的篮球队最终也难免回归到更传统的防守策略中。我们都知道，非对称作战、非传统策略对收获成功和权力可能有奇效，可是如果真的想打破规则，我们必须能在社会的反对声中坚持下去。

① 通常，如果进攻权在对方手上，防守的队伍会等对方球员进入自己的半场再与对手进行比较密集的互动，但在全场紧逼战术中，防守方会在对手刚发起进攻时就主动进入对方的半场，在全场范围内与对手展开较量。——译者注

进退两难：合群还是超群？

大多数时候，大部分人都不会选择打破规则，这本身是有道理的。在这个世界上，他人期望你遵守的规则比比皆是。每当要扮演某个角色，比如父母、员工、医生或是老师时，我们势必要面临许多社会期待，它们朔造了我们的一言一行、一举一动，人人皆是如此，我们身负的角色多种多样。我的一位已故的同事杰拉德·萨兰西克（Gerald Salancik）曾经尝试在自己的课上揭示这种社会期待背后强大的心理力量。在到伊利诺伊大学讲课的第一天，他走进教室，径直走到学生中间落座，一言不发。年龄和衣着都昭示着他老师的身份，可是在那个片刻，他打破了人们对老师言行的期待，或者更具体地说，是关于老师应该身处哪里做什么的普遍期望。他告诉我，自己不按照角色期待行事的时间越长，学生们就越感到不适，有的人甚至开始对他有了敌意。接下来，萨兰西克向学生们阐述了角色期待的强大力量。他的例子告诉我们，打破规则是非常令人不适的。

此外，我们生活的世界也充满了社会传统，比如要说“请”，要“道谢”，要注意控制音量，要保持得体着装。大量的传统经验告诉人们，要如何沿着企业的职级向上攀登，要如何当好领导，要如何成为合格的下属，凡此种种都被人们看作规则。

而人们都默认要知晓规则、遵守规则，这在一定程度上是因为这些规则维系了和谐的人际互动。从襁褓里开始，人先是得到父母的教养，再是接受学校等体制的教育，后来又受到雇主的规范和培训，这些过程都在教人如何行事。如果人们破坏规则，他们可能被学校开除，被企业解雇。比这些还要沉重的是遭受社会的排斥。

相反，如果遵守规则，你就能融入群体之中，而这对人这种渴望归属感、渴望陪伴的社会动物至关重要。社会心理学和社会学领域的证据恰恰能说明，人们普遍地面临着一种巨大的压力，即要遵循他人的想法做人，按照他人的期望做事。

这样一来，人们就会面临两难的境地：

- 人们希望合群，渴望被接受，不愿因为破坏社会规范遭到排斥。
- 人们同样也想脱颖而出。要是太随大流，人们难免要变得寂寂无名、泯然众人，和共同竞争晋升机会的一干众人区分不开。

人们也想出类拔萃，这从定义上就决定了这群人的“与众不同”。我在本章开篇举的两个例子其实已经充分说明，行事超群、打破规则，通常正是人们走向成功的道路。著名作家兼杂志主编蒂娜·布朗（Tina Brown）在做客美国哥伦比亚广播公司的著名新闻栏目《60 分钟》时，曾谈到自己过去被各家寄宿学校开除的经历（注意，是“各家”）。史蒂夫·乔布斯和比尔·盖茨都曾从大学辍学，这对于市郊中产家庭的孩子来说是相当离经叛道的。

正因为我们经历了社会化过程，都希望得到他人的认可，又坚信这些认可能够通过遵守规则来获得，所以在大多数时候，我们大部分人都会遵循传统经验，愿意遵从别人制定的规则。可“别人”是谁呢？所谓的“别人”，通常正是那些比我们有权有势的人，他们的利益与我们自身的利益大相径庭。因此，**认识到“别人”的真实身份是非常关键的。**本章的重要启示是，纵使许许多多的力量都催逼着你遵守规则、随波逐流，但你要清楚，获得权力的各种方式，其必要条件都是挣脱期望、罔顾传统，以及打破规则。你可以打破一切规则，但只有一条：本章让你打破规则的“规则”，你千万要遵守。

主动求助，主动开口索取

西方社会信奉独立自主的行为规则，因而，在很多人的观念中，寻求协助会侵扰他人，并不合适。我们斯坦福大学的同事弗兰克·弗林（Frank Flynn）和瓦妮萨·莱克（Vanessa Lake）共同开展了一系列研究，他们发现，人们不愿意向别人寻求帮助，而且极大地高估了在真正得到帮助之前自己需要尝试求助的人数。弗林和莱克写道：“寻求帮助在很多人看来令人不适甚至近乎难堪，它需要一定的勇气……除了不希望显得自己能力不足、不堪重任，大多数人还害怕遭到拒绝。”

这两位学者的研究显示，在若干不同的环境中，对于自己在获得帮助前需要求助的人数（比如，可能要问到第三个人，才能借到手机打个电话、才能有人配合你填写问卷，或者同意带你到体育馆），人们预估的通常是实际情况的两倍。弗林和莱克对人们高估求助难度的原因提出了假设，这些假设得到了研究结果的证实：在寻求帮助时，人们太过于关注遵从请求的成本，没能真正把自己放到对方的位置上思考。事实上，遵从他人的请求几乎是下意识的，因为人们总希望他人觉得自己乐于助人、心地善良，而且在很多时候，帮这点小忙真的只是举手之劳。

权力实验 7 RULES OF POWER

弗林和莱克要求参与者向路人借用手机，或是请他们带路到体育馆。在起初答应参与实验的人中，有 27% 的人在得知实验任务时就马上退出了。另一项研究是让参与的学生请路人帮忙填写一份小问卷。在最初同意参与的 52 名学生中，有 6 人马上退出了实验，还有 3 人最终没能完成任务。参与者中途退出实验的比例高得惊人，因为哪怕是请陌生人帮点小忙这类非常简单的实验任务，都让他们感到非常抵触。这些数据高度一致地佐证了弗林和莱克抛出的观点，即“寻求帮助令人不适”。

可是，人其实是想帮助他人的。**帮助他人符合乐于助人的社会期待，而“寻求帮助”其实是一种恭维。**在寻求建议或帮助时，求助者事实上无形中抬高了对方的地位，使其居于施舍恩惠、接受感激的位置。更关键的是，帮助者可以通过遵从请求，来彰显自己对求助者而言有多么重要。因此，无论是出于遵循打破规则的建议，还是出于对弗林和莱克研究结果的感知和体会，我们都应该开口索取更多。

1992 年，当营销大师、畅销作家基思·法拉奇（Keith Ferrazzi）从哈佛大学商学院毕业时，麦肯锡和德勤两家咨询公司都向他抛出了橄榄枝：

> “我们想说服法拉奇加入我们，而不是去麦肯锡。”德勤咨询前负责人帕特·洛康托（Pat Loconto）回忆道，“不过，在正式

接受录用之前，他坚持要先见一见我们的‘头儿’，这是他自己的说法。”洛康托答应和法拉奇在纽约的一家意大利餐馆见了面。“几番推杯换盏之下，法拉奇说，他可以来我们这工作，但必须满足他一个条件——我和他每年都要在这家餐馆一起吃一顿晚餐……所以我向他保证，以后的每一年我都会跟他共进晚餐，这就是我们把他招进来的整个经过……法拉奇正是用这种方式确保了自己和公司高层的联络。”

这无疑是一个大胆的举动。可是它又能有什么坏处呢？通常，如果你索取某件东西，比如和 CEO 共用晚餐的机会，可能发生的最坏情况无非是遭到拒绝，得到否定的答复。可是，在任何情况下，如果不开口，你大概率也不会得到自己想要的东西，所以本来也没有什么可以失去的。遭到回绝也许会带来内心的刺痛。不过，优秀的销售一定会告诉你，如果你受不了拒绝，就别干销售这行，而事实上，每个人的一生本质上就是一场营销——推销自己，兜售想法。所以，你要习惯开口求助，习惯被拒绝，并勇于再次开口，或是再向不同人索要不同的东西。**主动开口确实打破了某些规则，可是它非常有效。**弗林和莱克文章的标题就足以道明一切：“需要帮助，就尽管开口。”

如同这本书里罗列的其他法则一样，本章讨论的这条法则也适用于大多数人，无关种族和性别。雷金纳德·刘易斯（Reginald Lewis）就是一个很好的案例。他毕业于哈佛大学法学院，是首位掌管 10 亿美元体量企业（TLC Beatrice 国际控股）的非裔美国人，还是非常成功的私募投资人。刘易斯在巴尔的摩长大，1965 年，他从弗吉尼亚大学顺利毕业，获得了政治科学学位。同年夏天，洛克菲勒基金会在哈佛大学赞助了一个项目，旨在帮助非裔美国人接触法学，在学习过程中具备到各大法学院深造的资质。这个项目订立了两条规则：一是申请者必须是一年级学生，这样一来，在项目结束后，学员就可以带着学习所得投入高年级的学习中，为接下来申请法学院做准备；二是项目学员未来不能申请哈佛大学法学院，因为这一项目本来的目标是激发学员的学习兴趣，让他们未来能到其他法学院深造。

刘易斯不顾自己已经从本科毕业的事实，努力争取到了这个暑期项目的资格。在整个夏天里，他倾尽全力地让自己脱颖而出，表现出了很高的学习水平。之后，他去见了项目顾问，这位顾问本身也是哈佛大学法学院的教员。他提出，如果哈佛大学法学院招收自己，将会获益良多。刘易斯在自传《获得快乐的只能是白人吗？》（*Why Should White Guys Have All the Fun?*）的一个章节“无须申请”中详细叙述了这一过程，他顶着前述“规则”的压力，排除万难说服哈佛大学法学院录取了自己。在同意招收刘易斯后，学院让他填写申请表，完成正式的招生流程。这也让刘易斯成为“哈佛大学 148 年历史上唯一的还未申请就被录取的学生”。刘易斯提到，在暑期项目中，争取入读哈佛大学法学院的机会其实有很高的风险，为了那次午餐时和顾问的对话，他早就精心组织了自己的论点，反复排练预演，在午餐当天穿着考究地出现。无独有偶，他也提到了和本章主题一致的观点：他有什么可以损失的呢？那年秋天，他本来也不能入读哈佛大学法学院，所以何妨抓住机会、表明意愿呢？最坏的结果也不过是他照样没有机会入学罢了。无论是作为律师，还是作为私募投资人，刘易斯的人生都充满了不守规则、不顾期望的例子。这种愿意冒险的品质，加上他的才华与能耐，正是他取得成功的秘诀。

打破那些把你置于劣势的规则，制定自己的规则

手握权力的人书写规则与社会传统，并以此巩固自己的权力。因此，虽然有的规则、有的社会规范与期许也许确实合理，但余下的多数可能并非如此——往好了说，它们无关紧要，往坏了说，它们可能会严重地伤害那些没什么权力的人。

当有色人种民权运动家罗莎·帕克斯（Rosa Parks）拒绝坐在车厢后部时，她就破坏了当时为处于劣等地位的非裔美国人专设的社会规范。当马丁·路德·金写下著名的《伯明翰狱中来信》[①]，他正为反抗种族隔离制度经受牢狱之灾。美国的民权运动史，正是有色人种反抗限制自身权利的社会规范甚至实际法律、争取包括投票权在内的一系列与其他公民同等权利的奋斗史。已故国会议员、民权活动家约翰·刘易斯（John Lewis）在生命的尽头勉励人们要“自找麻烦”。被他称为“有益的麻烦”的，就是向那些剥夺有色人种权利、贬低有色人种人格的法律和习以为常的做法发起挑战。因为勇于打破规则、违背社会期待而撼动了种族隔离制度的根基，纳尔逊·曼德拉在南非的监狱里度过了 27 年的牢狱生活。

尽管这些生动的例子充满了戏剧性色彩，它们还是能阐明一个普适的法则，即规则是掌权者用来巩固自身权力的工具。**因此，如果要改变现有的权力安排，人们就得破坏旧框架下的规则，反抗既有的社会规范，建立起新的社会秩序。**

---

①《伯明翰狱中来信》是马丁·路德·金在关押期间，对此前几位白人宗教首领支持种族隔离制度、对有色人种反抗运动的公开抨击做出的回应。——译者注

类似的过程同样存在于工作组织中。加诸女性身上的性别角色期待要求她们不能发怒，不要展现出过多野心，要事事友善亲和。凡此种种，无一不让女性在事业发展的竞赛中处境被动，因为她们的男性对手常常得到默许，可以毫无障碍地用愤怒显示权力、追逐自己的野心。

女性与有色人种在一言一行中面临的社会期待，无论是隐性的还是公开的，都会让他们陷入劣势。我们把这种现象称为“双重束缚”，因为如果要摆脱社会期待、反抗社会规范，他们就会招来规则受益者的抵制和怨恨。

我一点也不否认这种种不公正的规则给人们带来的两难困境，不过我觉得，所有的组织参与者都可以从追求种族与经济地位平等的社会运动中学到重要的一课。诚然，马丁·路德·金，这位被后人专设全国性节日以示纪念的人物，终其一生都受到美国联邦调查局的监视，那些将他的诉求视为威胁的人也不太可能对他有什么好的评价。事实上，因为力推经济地位平等和反对越战，他在很多圈子里都备受排挤。然而，回想一下前文提到的教训吧，别太在意是否被他人喜爱。套用一下斯坦福大学商学院的院训，如果你想“改写人生，改造组织，改变世界”，那你就应该预料到即将面对的、有时甚至非常强烈的抵制。既然要改变，资源的重新分配就在所难免，而既得利益者肯定不会乐见其成。要改变职业发展的轨迹、让原本显示度不足的群体得到更多机会，对过去能够轻松获得发展的群体来说可能就意味着更少的机会、更激烈的竞争。

简而言之，我完全明白“双重束缚”的两难之处，但我真的并不觉得人们有别的选择。**在通往权力的道路上，如果你遵守那些陷自己于不利的社会期待和规则，就是在向前途黯淡、机会渺茫的不公的命运低头。**因此，对于追求权力的人，尤其是那些发于畎亩、想要出人头地的人而言，打破规则是唯一合理的途径。再说得简单些，如果现有的规则能让你获胜，那么就千方百计地遵守和维护它。而对于那些遥望成功的人而言，要运用好权力的第二个法则“打破规则”，因为这是在充分的研究证据之上的一条重要的成功之路。

7 掌控你的权力 Rules of Power

1. 为铸就权力而打破规则、违背规范，需要你主动采取异乎寻常、出人意料的行动。其中，最关键的正是主动出击，务必切实地“做点什么”。

2. 意外地打破规则常常让别人一时间无所适从，这种意外对你来说是一种优势，因为这样一来，别人会来不及准备、不知如何反应。

3. “打破规则”意味着你要把主动权彻底掌握在自己手里，不被动地等待许可。

4. 若是想给人留下深刻记忆，你可以试着在交往中让别人特别注意自己。

5. 有时即便是需要打破某些规则，你也应该先把事情做完，再慢慢应付各种后果。

6. 如果真的想打破规则，你必须确定自己能在社会的反对声中坚持下去。

7. 愿意冒险的品质，加上你的诸多才华与能力，将是你取得成功的秘诀。

法则 3

示人以权力：

让自己看起来像个赢家

在面对错误时，是示人以歉意，还是示人以权力？

2010 年 4 月，时任高盛 CEO 的劳埃德·布兰克芬（Lloyd Blankfein）站在了美国参议院委员会面前。高盛一方面允许客户做空一项与次贷有关的金融产品，另一方面却鼓励其他投资者购买，并承诺该产品由独立客观的第三方推出。这一“背信弃义”的举动引起了利益冲突，公司因此面临着指控。同年 7 月 17 日，跨国企业英国石油公司的 CEO 托尼·海沃德（Tony Hayward）要面对美国众议院委员会的审判。彼时，委员会正在调查英国石油公司在墨西哥湾搭建的钻井平台的爆炸事故，该事故导致 11 名员工丧生，酿成了美国历史上最严重的原油泄漏事件，并且造成了不可估量的经济损失。看起来，这两名 CEO 未来的事业轨迹本不会有什么差别，都面临着退位的风险。

2010 年 7 月 27 日，英国石油公司宣布，10 月 1 日起，海沃德的

CEO 一职将由鲍勃·达德利（Bob Dudley）接任。而与此同时，布兰克芬则继续担任高盛的 CEO，直到 2018 年在他自己选择的时间点以自己希望的方式从容卸任。

诚然，这两种情形有着显而易见的差别，但如果你看了这两位 CEO 在会上的表现，就会发现他们作证时的气场、言语和表达方式大相径庭，根据这些不同，你就能体会到二人在这些具体表象之下更为深刻的差异。海沃德的一言一行都透着歉意、满是拘谨，他全程弓背坐着，手掌、手臂几乎没有动作；布兰克芬展现出的则是直面问题、更加强硬的形象。

在课堂上，我给学生们播放了这两位 CEO 在听证会上的剪辑录像，既播了原版视频，也播了无声的版本让大家关注主人公的肢体语言。这么做的用意在于，我认为这当中体现出了一个显而易见的要点，它对人们理解权力非常重要。**你“登场”的方式非常重要，甚至是决定性的，它关系着你的事业轨迹，关系着他人会赋予你的权力和地位，关系着你是否能保住自己的工作。**无论有着怎样的正式头衔，你实际拥有的影响力总难免有不确定之处。因此，别人会评估你，确认到底要多重视你，要不要听命于你，甚至和你结盟。正如已故的社会心理学家纳里尼·安巴迪（Nalini Ambady）所说的那样：“对他人形成印象的能力，是人类的一项关键技能。”

研究表明，人们仅靠数秒之内行为的“一点皮毛”，就能非常迅速地对别人的人格特质做出大体准确的评估。他人这些微小的行为片段，将成为我们做出决策和判断的依据。研究还进一步指出，这些顷刻间形成的第一印象发挥作用的时间比我们想象得还要持久。之所以会如此，一定程度上是因为人们普遍有着证实偏差（Confirmation Bias），也就是按照已有的观念和期待有倾向地搜寻和解读证据的偏好。如果你想获得权力、保有权力，那就应该遵照权力的第三个法则——“示人以权力”，因为别人会根据你呈现出的形象来对待你和做出决定，而这种种决定最终又将使当初的这些印象变为现实。比如，如果别人并不觉得你足够聪明或是有能力，那么他们往后会问你的问题，便不足以让你展现自己的知识，而你也就没什么机会展示自己的才智和能耐了。社会心理学家罗伯特·西奥迪尼曾跟我分享过一则很有见地的评论:“你给别人留下第一印象的机会只有一次。”

让我们来对比一下两位 CEO 在听证会上的表现吧。海沃德宣读了一份事先准备好的开场陈词，用时大约 6 分钟。通常，人在 1 分钟里可以说 130 ～ 150 个词，也就是说海沃德的这份陈词只有 700 ～ 900 个词，他本可以直接把它背诵下来的。念稿意味着他没办法和听众进行频繁、持续的目光接触，而数十年前就已经有研究表明：

- 目光接触能提升说话人的可信度，让听众觉得此人更加诚实。
- 目光接触的持续时间会影响观察者对此人能力（包括领导力）的判断。
- 目光接触让别人觉得说话人具有更高的自尊，从而会对此人做出更有利的评价。

念稿让海沃德的表现看起来经过了精心设计、不够真诚，人们会觉得可能这些发言并非发自真心，而是由律师或者幕僚代笔。

与之相比，脱稿出场则可以显示出一切尽在自己的掌控之中，这一点是很重要的。杰克·瓦伦蒂（Jack Valenti）生前是美国电影协会主席，他曾经告诉我，自己从来不会带着稿子在国会山出现，这么做正是为了让别人觉得自己能够掌握一切状况，无须手稿提示就能与听众直接沟通。

海沃德一方面表达了歉意，但另一方面，当有人质疑为什么每年英国石油公司在世界各地钻探成百上千的矿井、海沃德唯独没有参与这口井的事宜时，他又坚称这和自己“一点关系也没有”。最关键的一点是，他完全没有表达出英国石油公司的所有行动是否都有一套自洽的逻辑。这家企业有多少年历史了？它在美国有多少雇员？它都开展了哪些活动？这些活动又是怎样影响当地的经济发展和就业市场的？为什么最初明知道困难巨大，英国石油公司还是决定在墨西哥湾海底开采石油？就这些问题进行说明，本可以帮他做到这一点的。海沃德保证会详查事故原因，并补偿此次泄露造成的经济损失，可是他几乎完全没能让外界感受到状况已在掌控之中，类似的事故不会再发生。更重要的是，他也没有捍卫英国石油公司以及全体员工的辛劳、荣耀和声誉。我以前的一位学生在英国石油公司当高管，他给我发了邮件，用他的话来说，海沃德表现得既不够强硬，也不够有诚意。

布兰克芬与此正相反，他表现得格外轻松。面对提问，他常常显得毫不惊讶，只是微笑应对，仿佛在表示提问者并不清楚真实的情况。他数次强调，高盛公司的角色是金融中介，是做市商。他谈到了公司悠久的历史以及在金融市场中的领先地位，谈到了公司的声望、规模、不可或缺的客户信任，以及技能出众的员工队伍。他坚称，高盛所做的一切都是为了满足自己知识渊博的客户的需求：站在客户希望执行的交易的对立面，把例如这次的房地产市场上的投资风险推到足够的高度，为客户带来相应的收益空间[①]。他反复解释金融市场的运作机制，以及高盛在当中扮演的若干角色，言行举止无不体现出他对高盛的所作所为并无不适。在 3 个小时的听证会上（海沃德面对委员会的时间长达 9 个小时），布兰克芬没有对高盛的做法表示过一次歉意，也丝毫没有偏离过自己的论点。从头到尾，他都坚持表示，从事对冲活动包括做空自己销售的有价证券，是做市商的权利甚至义务。

无论是对于像上述两位这样面临严峻挑战的 CEO，还是对于想要求职或升职的普通人，展现在外的形象对权力和事业的影响都是相同的。我在本章中正希望说明，语言和肢体语言非常重要，它们会影响别人对我们的判断，而这些判断又会带来若干后果。社会心理学家埃米·卡迪（Amy Cuddy）关于肢体语言的演讲会成为播放量最高的 Ted 演讲之一不是偶然。[②] 接下来，我将进一步说明为什么示人以权力如此重要，并提出一些具体的行动建议。

---

① 彼时，美国房地产行业呈现极度危险的虚假繁荣，各贷款机构无底线地向信用极低、偿还能力极差的美国民众提供低息贷款，并将债务抵押给其他金融机构来获得收益、控制风险，而高盛推出的抵押债券正牵连了经过层层抵押的次级债务，因此一旦背负房地产债务的美国民众大规模失业、丧失收入来源、集中出现贷款偿还问题时，泡沫将会破灭，相应金融产品的持有者将遭受极其严重的损失，而做空这些产品的对冲基金则将获得暴利。——译者注

② Ted 演讲在美国乃至世界有极高的知名度，埃米在演讲中指出，肢体语言不仅会影响个体的外在形象，也会从神经生物学和心理学等多个层面，影响个体对自身能力的感知以及实际的绩效表现。当人即将从事比较重要的工作、对自己的表现感到紧张时，可以采取特定姿势，如两脚分开、叉腰站立等，这种姿势能够缓解紧张状态且具备表现出色的高能量。——译者注

外表是重要的预测指标

在探讨外表的重要性之前，我们先来看看下面这项研究。

权力实验 7 RULES OF POWER

研究者拍摄了 13 名不同科目的大学老师上课的画面，并在课程进度的特定节点上从每个人的视频中各自截取了 3 条 10 秒的无声片段。随后，研究者把这些片段向 9 名本科生播放，并要求他们从诸如自信、支配力、诚实、同理心等维度给老师们评分。这个研究提出的问题是：根据无声短视频片段中老师们的外表和行为打出来的平均分，和真正上完了全部课程、有数周时间来观察 13 名老师的同学们给出的课程评价，二者是否存在关联？答案是相关性相当高。例如，两组评分在“自信”“支配力”“热情”和“乐观”几个维度的相关性分别达到了 0.82、0.79、0.76 和 0.84。

研究者对这些数据结果提出的一种解释是，非言语行为的零星片段足以可靠地反映个体的品性。此外，研究者还提出了另一种高度契合本章宗旨的解释：无论是评价老师实际教学效果的学生，还是从无声的视频片段中判断主人公“看起来”怎样的第三方，他们本质上都是在对一批相似的非言语线索做出反应。这些线索反映了个体的活力、自信等一系列个人特质，它们纵然与个体向学生有效传授知识的能力没有必然关联，却切实地影响着个体受到的评价。也就是说，无关的评价者也好，真正的学生也好，不过都是在评判他人的外在表现罢了。

而且，外表的作用并不局限在教室里。上述课程评价研究的其中一位作者纳里尼·安巴迪还参与了另一项研究。

权力实验　7 RULES OF POWER

研究人员抛出了一个问题：CEO 给人们的印象和他们企业的绩效有关吗？研究者请 100 名本科生观看了 50 位《财富》500 强企业 CEO 的照片，并据此对他们的整体领导能力以及 5 项具体的权力相关特质（能力、支配力、好感度、成熟度和可信度）进行打分。结果表明，即便已经在统计上控制了年龄、情感和外表吸引力的影响，“根据 CEO 的面孔给出的权力特质评分”以及对 CEO 领导力的评估，依旧与企业利润有着显著的关联。因为这一研究只涉及了男性 CEO，所以紧接着，研究者们又在女性 CEO 领导的企业[①]中复现了上述结果。

这些研究结论其实还没有解答这种关联背后机制的问题：究竟是更成功的企业倾向于选择具有特定外表的 CEO，还是具有特定外表的 CEO 确实更能胜任工作呢？实际上，无论哪一种内在机制都可能是正确的，外表与领导者成功的两种关联都是存在的，这一点在商业和其他领域的大量研究中都得到了复现。

① 该研究从《财富》1000 强企业中选出了 20 名女性领导者。

这些实证结果恰恰表明，外表能在不同的情形中以不同的形式发挥作用，预测事业发展结果和权力归属，这种说法是准确无偏颇的。趁着你还没开始对大量研究文献感到无聊，我再简要点出几条相关的内容：

- 一项立足于“由面部特征推断的内隐特质可能在日常生活中引起种种偏差”这一共识的研究发现，在急诊室中，分诊护士会以更高的优先级接收那些看起来更值得信赖或满带愁容的病患。

- 一项研究在收集了数十万名瑞典男性的数据后进一步探究了“长得高的人是否会挣得更多”这一话题，分析了身高与收入的关系。研究人员发现，有一定证据可以表明，身高与收入反映在外的这种关联，一部分来自家庭背景，另一部分则来自身高与一系列认知和非认知能力的关联。①

- 除了身高，现有研究也发现，整体的外表吸引力同样能够预测高收入以及其他积极的事业结果，例如，更高的被雇用的可能性、更多的晋升机会等。近期一篇包含了 69 项研究的元分析文章得出结论，外表吸引力高的个体收入要比吸引力处于平均水平的个体高 20%，获得晋升推荐的概率也更高。造成这种差别的一个原因在于，外表吸引力高的个体往往有更高的显示度，这让他人

① “家庭背景”这一原因的含义是，身高的其中一个影响因素是家庭背景，而身高与收入的关联本质上可能来自家庭背景的影响，即家庭背景更好的个体可能身高更高、也更可能获得较高收入。将这一原因分离后，身高与收入的关联则反映了身高这一外在条件对他人做出的认知和非认知能力的判断有关，即外表会影响他人对自己的判断，从而影响个体的职业发展。后一类影响是重视外表的重要性的直接证据。——译者注

更愿意提供指导和建议。因此，这一人群在人力资本方面比常人略有优势，在社会资本方面则远远优于常人。

对于显示出权力的外貌和行为，人们的反应总是包含着直觉性的、潜意识的成分。为了生存，人类的祖先学会了迅速分辨敌友，识别出那些可能从支配权的残酷争夺中胜出的人。从古至今，快速分析他人的能力始终是一项不断进化的适应性技能。因此，我们总是无视提醒，只凭脸孔就形成对他人的第一印象。由于我们的印象又总是倾向于保持一致，各种不容忽视的社会性后果便由此产生。外表是重要的，因为某些面部特征对适应性行为有着重要的指导意义，以至于哪怕这些特征只有一丝一毫的迹象，都足以产生重要的印象。当然，这些自动化反应并非总是准确的。不过，比起对身材、年龄、情绪或熟悉程度等方面的不同特征完全无法做出恰当反应，这种自动化反应虽然偶有过度概括之嫌，但类似的谬误就远远算不上适应不良（Maladaptive）。

尽管我们更希望把自己看作理性的动物，但无法否认的是，我们的很多决策其实是由情绪和情感驱使的。营销学教授巴巴・希夫（Baba Shiv）针对情绪在选择中的作用进行了大量的研究。他提出的基本观点是，当时间和注意力有限时，决策会更多受到情感而非思考的影响。这种状况在日常生活中相当典型。事实上，我们很少对决策进行正式的认知加工；相反，当状况接连发生时，我们会做出快速、盲目、情绪化的反应。这些事实给我们的启示是：**外貌和肢体语言会影响我们对他人做出的反应，而由于所做的反应往往发生在下意识之中，这种影响是很难克服的。**

谁是你的受众

看到这里你可能会想，虽然这些强调外表重要性的研究挺有趣的，可是它们真正的意义在哪呢？难道我们要去做整容手术吗？其实不然。尽管我们不太可能彻底改变自己的外表，但依然可以从某些途径提升自己的外表吸引力，或让自己看起来更为“高大”。具体做法不一而足。比如，你可以多多注意仪容仪表、色彩搭配、衣着品位，以此来发扬长处，突出自己外表的优点。又或者，按照本章开头所说的，人们可以而且也应当注意自己的面部表情、肢体语言、口头表达等，如果你能在这些方面下工夫、尽可能示人以权力，那就再好不过了。加州大学伯克利分校哈斯商学院社会心理学家达娜·卡尼是研究非言语行为的专家，她指出：“无论你是否真的拥有权力，通过非言语行为来彰显权力都是很容易的……你大可以非常简单地选择和实践这些举动。”**人们其实可以采取很多办法来显示权力，或者让自己不显得那么人微言轻。**

要达到这个目的，人们首先应该回答一个最基本的问题：自己究竟希望把这些信号传递给哪些人？这些人又希望从自己身上得到什么呢？这一点也是大卫·德马雷斯特（David Demarest）所强调的。德马雷斯特曾任斯坦福大学公共事务部副主席，威士国际（Visa International）企业关系执行副主席，以及乔治·赫伯特·沃克·布什（George H. W. Bush）总统团队的通讯主管。作为一名杰出的沟通战略制定者，德马雷斯特指出，你直接面对的人未必就是你最重要的受众。就拿布兰克芬和海沃德的事例来说吧，当他们站在国会委员会面前时，底下坐着的参议员和众议员对二人的事业乃至他们公司未来的发展，说到底，又能有多大影响呢？这两位 CEO 真正的受众其实是员工和董事会，这些人希望从 CEO 身上收到权力的信号，希望他们有能力打消一切顾虑，将公司打理得井井有条，渡过危机。

英国学者罗布·戈菲（Rob Goffee）与记者加雷思·琼斯（Gareth Jones）合著了一本书，书名满含挑衅：《你凭什么领导别人》（*Why Should Anyone Be Led By You?*）。如果你是领导者，你周围的人可能会问，你凭什么职位更高，可以处在这个更有权力、更有影响力的位置呢？工作绩效、技能和能力的确可以平息一部分质疑，但剩下的一大部分则取决于你的言谈举止，你示人的形象也要能让他人对你的胜任力充满信心。

大多数人总是希望保持良好的自我感觉，这意味着他们也希望保持对自己雇主的好感，因为雇主的招牌往往也会成为人们自我的一部分。**而让人们更有动力形成好感的，是那些看起来能从各种意义上的斗争中获胜的组织或个人。**除此之外，人们对彰显力量的信号往往也有积极的反应。因此，尽管我们更希望相信人们愿意为失败者喝彩，但我们也不得不承认，当事情真的关乎自我时，人还是喜欢与赢家同行。

某些情绪能显示权力，另一些则不能。这意味着，选择展示那些能够提升权力的情绪而避免流露出低地位信号的情绪是非常重要的。**然而，很多人会觉得这一事实非常违背直觉：愤怒是一种强有力的情绪，展示愤怒则是一种高明的权术，即便在某人犯了错或是渎职被发现时也是一样。**或许正是在这些时候，展示愤怒的作用才尤其重要。与愤怒相对的悲伤、懊悔和歉意体现出的则是较低的权力，也正因如此，在那些需要以权力和能力形象示人的场合，人们应该格外注意避免这类情绪的流露，而这样的场合事实上比人们通常认为的要普遍得多。

上述事实背后的逻辑其实也很简单。愤怒关乎强迫、威胁。相应地，展示愤怒是强迫性、威胁性的行为，这种行为通常给人以不友善、不守规范甚至不为社会所容的印象。在有关“打破规则”的讨论中，我们已经了解到：由于人们认为只有有权之人才能破坏规则，因此，在人们心中存在着一种启发式关联，看到打破规则的行径便会产生权力的感知。类似地，既然权力更高的个体比权力更低的个体更容易获得允许来表达愤怒（表达愤怒违背了人们习以为常的行为规范，只有有权之人才能违背社会期许），那么表达愤怒的行为自然也就能给人带来地位更高的感知了。

按照这种逻辑，你可以通过展示愤怒来获取权力。这一建议与布兰克芬、海沃德二人行为的结果以及他们后来的不同际遇背后的道理是一致的。海沃德的道歉让他显得更加软弱；布兰克芬对高盛强有力的、毫无歉意的捍卫则让他显得更有力量，并且提升了公司的地位。很难说上述任何一种行为正确与否，列举这些证据，我只是希望阐述愤怒（比之其他消极情绪如悲伤、懊悔）是怎样让他人感知和赋予行为者更多权力与地位的。

社会心理学家拉丽萨·蒂登斯（Larissa Tiedens）指出，“表达愤怒的人看起来更有能力，更具支配力，更强大，也更聪明”，而人们还认为，“表情愤怒的个体比表情悲伤的个体占据着更高的社会权力地位”。蒂登斯采用不同方法开展了四项研究，试图来说明“展示愤怒会授予人更高的地位”，因为愤怒是能力的一种表征，而悲伤则会引起与热情相关的印象。在一项针对软件公司的田野研究[①]中，蒂登斯发现，那些更常表达愤怒的

① 是一种深入到研究者对象的真实情境中，以参与观察和具体访谈等方式获取第一手资料，并通过对这些资料的定性分析来理解和解释研究对象的研究方法。——编者注

人会得到更多晋升、拥有更高的收入，领导者在评估这些人时也会认为他们未来更应该得到晋升。此外，蒂登斯也表达了与我前面提到的“不要纠结于他人的好感”类似的观点：“表达愤怒虽然会让人显得冷漠、不受喜爱，但喜爱并不能带来地位。”蒂登斯还和他人合作开展了另一项研究，他们发现，在谈判过程中，表达愤怒能使人主张更多利益、得到更好的结果，因为愤怒能传达出强硬的态度。

道歉几乎是表达愤怒的反面，它是人在面临指责时的下下之策。道歉有三个重要弊端，鉴于此，人们在道歉之前应当三思而后行。

- 最显著的弊端在于，道歉“天然地将犯错者与错误行为联系在一起”。本来，负面结果的责任归属可能相当模糊、存有争议，可一旦有谁为此道歉，道歉的个人或组织与负面行为或后果的关系便确立下来了。

- 道歉者会付出心理层面的代价，因为道歉的举动本身会影响人的自我认知。有学者开展了两场实验，均发现拒绝道歉的行为“会让人产生更高的权力感、控制感，觉得自己更正直，体验到更高水平的自我价值”。也就是说，“不道歉”同人与组织对一致性和自我肯定的需求是一致的：好的人与组织根本不会从事不当行为，因此，他们也并不用为什么事情道歉。

- 道歉并不只会通过归功和归咎的方式影响道歉者的自我感觉，它还可能影响旁人对道歉者的看法，而这可能也是最重要的一点。由于道歉是象征着低权力的举动，他人会认为道歉的一方具有较低的影响力、地位与声望，从而采取相应的行为。因此，道歉不

> 利于让他人对我们的权力和声誉形成有益的感知。一篇针对道歉行为的文献也指出："在能力非常重要的情形中，道歉会极大地损害旁人对犯错者能力水平的感知……表达感谢和歉意往往被视作礼节性的言辞，可研究却发现，礼貌的沟通方式会对人们显示出的支配力、权力和果敢程度产生负面影响。"

关于道歉的研究也凸显了社会认知中"热情"和"能力"的对立，人们往往需要对两种印象加以权衡，选择其一。

很多人会举"泰诺事件"的例子来说明表达自责和歉意的积极作用。不过，这其实是一个非常特殊的案例。事件的始末是这样的：1982 年 9 月，美国芝加哥地区有 3 人服用了被掺入氰化物的镇痛药泰诺后相继死亡，此后，因同一原因导致丧生的人数上升至 7 人。制造该药品的强生集团迅速召回了所有已经上架的产品，并向外界公告，在公司重新推出具有防篡改包装（tamper-evident packaging，如今已经十分普遍）的产品前，人们不能继续服用泰诺。公司迅速的反应缓和了公众的担忧，此后，泰诺也很快重夺镇痛药市场的主导份额。

这个案例与组织中的许多其他情形相比有一个重要的区别：实际上，当时人们几乎并不觉得强生集团或者它的做法在这次致命的事故里有一丝一毫的责任。过去从没有人打开货架上的药品投毒，这场悲剧也并不是由强生公司本身的作为或者不作为导致的。而英国石油公司、高盛集团或者其余绝大多数的企业和个人却并非如此，这些主体的行为在相应事件中牵涉甚深，根本不能与之相提并论。

因此，当某个社会实体无法完全置身事外时，或者引用蒂登斯实验研究材料当中例子的说法，在像克林顿与莱温斯基这样的桃色事件中，妥当的回应方式也就不同了。如果你确实牵涉事中，道歉不仅会让你显得软弱，还会进一步招致问责，诘问你最初为何不采取正确的行动来防止问题的产生。与此相反，如果你展示愤怒，以及像布兰克芬那样坚称根本不存在不当行为，那么人们终将放弃、遗忘，转而关注其他事情，而“维护形象”将代替“难辞其咎”，成为事件轻描淡写的最终定性。

无论有没有现实依据，自信都很重要

研究表明，情绪和行为是有传染性的。在医学领域，有许多研究都会关注一种名为“心因性疾病”的现象，这是个体在目睹他人不适时产生的心理反应，比如在学校里看到班上的同学不舒服，自己也可能感到不适。“传染既是一种生物学过程，也包含心理学机制。”这种现象非常普遍，但人们即使身在其中，常常也察觉不到传染的发生。情绪以及情绪的传染有着非常重要的作用，有篇综述文章就找到了相应的证据：在组织环境下，“情绪传染会带来态度、认知乃至行为和绩效层面”的诸多后果。

人们总是希望为与自己相关的事物感到骄傲，希望对自身以及所在集体成功的前景充满信心，因此，展露自信就成了领导者最重要的任务之一。展露自信的个体会激起他人追随和支持的意愿，因而这些个体也更有可能被雇用、获得晋升。**此外，当领导者对外展示充分的自信，这种自信同样可以感染他人、鼓舞相应的积极行动。**也正是因为展现自信非常重要，权力的法则才会倡议大家务必抛开所有无益的条框，用言语和肢体语言，向他人展示能力和自信，就算这种自信缺乏客观依据，就算自己此时并不真的充满自信，也一样要如此。

卡梅隆·安德森和他的同事通过一系列研究验证了一个观点：过度自信是一种能力的信号，它有助于人们获得更高的地位。在第一项研究中，研究者要求被试先后独立和合作完成一个涉及地理知识的任务。他们发现，过度自信不仅会让同伴对被试的能力乃至地位做出更高的评价，还会“对被试实际的能力产生相同的印象”。第二项研究显示，过度自信对他人感知的影响在 7 周之后依然存在，也就是说，这并不只是一种短暂的现象。接着，安德森和同事们又设计了另一种实验，希望借此能进一步明确人们用来推测他人能力的依据。他们发现，发言时间的高占比、采用自信和陈述性的腔调、提供与问题相关的信息、舒展的姿态、冷静放松的状态以及回答他人提出的问题，这些都能提升旁人对个体能力的感知。

从上述研究和部分其他研究中，我们还可以看到一个有趣的现象，即在分析中加入对人格特质的考虑并不会削弱特定行为对权力的影响。**这一发现与本书反复提到的论点不谋而合：并不是说人格不重要，但在获得权力的问题上，更重要的是具体的行为，而这些行为都是可以主动学习并实践的。**

权力实验　7 RULES OF POWER

研究人员把参与者随机分成两组，让两组人分别摆出高权力者舒展的姿态和低权力者封闭的姿势，一段时间后再让两组人都进入模拟求职面试的情境中，进行两分钟的求职演说。在最后的评估中，摆出高权力者舒展姿势的一组在总体表现和可雇用性方面都得到了更高的评价。

展示自信、流露愤怒，这些建议和某些传统观念是冲突的。按照传统，人们应该展现脆弱、柔软的一面，以此更好地维系人际关系，让他人更愿意站在自己这边，提供安慰和协助。其实，做法的选择并不是绝对的，关键在于要考虑具体的情形，判断当下哪一种动机更紧要：人们是更需要向力量、成功靠拢，还是更需要帮助他人、与展露弱点的人建立更密切的关系呢？二者都有可能，不过，根据我综观大量研究证据的心得，我还是认为在通常情况下，我们最好默认他人更倾向于选择力量、选择胜利，沐浴在强者的荣耀中。

要更好地理解这些相互冲突的观点，可以到关于自我展露（Self-disclosure）的研究中寻找思路。比如，有学者就指出，“如今，自我展露在工作场所中已经变得越来越常见、越来越重要。”人们开展了多项实验来揭示展露弱点的后果。结果发现，在任务导向的关系中，“当本来地位较高的个体展露了自身的弱点时，他们的影响力会降低……感知到的人际冲突会增加……人们对他们的好感度会降低……未来与他们建立关系的意愿也会降低。”然而，当展露弱点的个体是同伴，也就是与接收者处于等同地位时，这些负面影响就不复存在了。对此，我的观点是：**在任务导向的情形中，展现自信与能力格外重要。**如果你恰好处于地位更高的位置，需要发挥领导力，为大家提供保障，那就更要注意这一点。

所以，在面对朋友或者不需要领导别人的时候，你大可以表达自己内心的脆弱和不安全感。然而，**倘若你身居高位、必须推进任务时，这些不安全感还是留给自己咀嚼为好。人们只想趋附胜者，这种执念根深蒂固，你最好不要试图扭转它。**

肢体语言，权力信号

2020 年，社会心理学家达娜·卡尼写了一篇详尽的综述，全面梳理了能释放出权力、地位和支配力信号的非言语行为。权力、地位和支配力三者既有区别，又相互关联，能通过相似的肢体语言显现。卡尼的综述还回答了非言语行为研究领域中一个普遍的问题：对于不同性别和文化而言，情况会有区别吗？根据目前的证据，她认为答案是否定的。就文化来说，有证据表明，哪怕是非人的灵长类动物也会采取相似的行为展现权力。而且，很多研究本身就不是在美国进行的，这已经足以说明研究结论跨文化的普适性了。至于性别问题，卡尼总结道："对于表达权力、地位、支配力的非语言行为，无论是感知到的还是实际发生的，性别都不会产生系统性影响。"可见，本章提出的建议是普适的。

下面列举了部分能够展示权力、地位与支配力的非言语行为，这些行为的作用都已经被实证研究证实了。在组织的日常生活中，在你需要考虑以怎样的面貌示人的时候，它们是很有用的。

- 更多手势；
- 更舒展的身体姿势；
- 更短的人际距离（离他人更近一点）；
- 更多有控制的臂部、手部动作；
- 更高的音量；

- 适时打断他人；
- 更长的发言时间；
- 更长的注视时间；
- 更高的视觉支配比（Visual dominance ratio）[①]；
- 更无拘束的笑声。

毫无疑问，人们完全可以通过学习和有意识地训练让自己更善于运用非言语行为展示权力。大量的文献告诉我们，用非言语行为展示权力能带来切实的收效，一切努力都将是值得的。

强有力的文字，强有力的演说

“在营销领域，文字的强大力量已经毋庸置疑。恰当的文字能给产品镀上一层令人向往的光晕……文字塑造了我们的思想。”尽管在判断他人时，比起别人说了什么，他们看起来如何、听起来如何才更重要，但语言的重要性依旧不容小觑。

演说也是一样。强有力的演说应该具备一系列特征。首先，要简洁明了。单音节词应该占绝大多数，从句过多的复杂结构是不可取的。它还必

① 视觉支配比 = 自己发言时注视他人的时间 / 他人发言时注视他人的时间。

须通俗易懂，尽可能减轻听众的认知负担，用易于理解的语言替听众提纲挈领、做好总结。而这也是它具备强大力量的原因之一。如果要精确衡量文段的理解难度，可以参考弗莱施－金凯德（Flesch-Kincaid）的可读性公式或年级水平公式，前者直接衡量文段的可读性，后者则反过来衡量理解给定文段所需的阅读能力水平。可读性公式如下：

$$206.835 - 1.015\left(\frac{\text{文段单词总数}}{\text{文段句子总数}}\right) - 84.6\left(\frac{\text{文段音节总数}}{\text{文段单词总数}}\right)$$

年级水平公式如下：

$$0.39\left(\frac{\text{文段单词总数}}{\text{文段句子总数}}\right) + 11.8\left(\frac{\text{文段音节总数}}{\text{文段单词总数}}\right) - 15.59$$

从上面的两条公式不难看出，句子越短、单音词越多，阅读门槛就越低，阅读理解就越容易。

其次，强有力演说的另一个特征是不用模糊限制语如“有点”“稍微”，不用犹豫的拟声词如“嗯”“呃”，也不怎么注意表达方式的礼貌。要想让演说更有力量，就应该相应地使用有力的词汇，比如“受伤”“死亡”和“问题”，这类词会引起生动的想象，激发丰沛的情绪。

再次，强有力演说的第三个特征是，演讲者总是发表宣言，他们从不提问。强大的演说关注句尾，总是有力地收束内容。刻意暂停、节奏变化既可以用来强调内容，也可以吸引观众。最重要的是，在强有力的演说中，观点和主题会不断重复。证据表明，相比于完全陌生的说辞，人们倾向于认为那些反复提出的说法更加真实，这就是真相错觉效应

（Illusory Truth Effect）。有学者开展了两项实验，结果显示：某个说法重复提出的次数越多，人们就越是相信它、越容易被误导。在这些重复之中，信息来源数量的多寡并没有影响。

与肢体语言的情况类似，根据现有证据，不同性别的人们在通过语言显示权力时，共通之处依然多于差别。“双重文化观点”（Dual-culture Approach）[①] 认为，男性多使用强有力的语言，而女性则多使用缺乏权力的语言。然而，一项研究却发现了违背这一预期的结论：男性和女性使用模糊限制语以及打断他人发言的频率并没有区别。研究者逐渐开始质疑，在沟通领域，研究性别差异是否真的必要。当然，这一结论并不能说明真的不存在任何性别差异。现有的证据给我们真正的启示在于，对于这些主要的、历来行之有效的行为方式，无论是口头语言还是肢体语言，在有新的确凿证据指出它们不起作用之前，我们都应该大胆尝试。

权力的感知如何成为现实

第三个法则有一个重要的前提：外表，或者说每个人采取口头和肢体语言示人的形象，会对他人的感知产生重要的影响，人们会基于这一感知做出一系列决策。**这一事实告诉我们，要学会用不同的方式，以自信、有吸引力、有权力的外表示人。**由于第一印象和证实偏差一直在人们的认知中发挥着强大的作用，所谓的外表，也即以言语和自我呈现出的印象，才变得格外重要。

① 一种看待性别差异问题的文化视角，即认为不同性别的个体在诸多方面遵循不同的文化渊源和实践逻辑。——译者注

大量研究证据都显示出了外表的重要性，而现实生活中的情形也印证了这一事实，无论有些人经营的形象多么不切实际，人们依旧轻易地受到蒙蔽。这样的例子简直层出不穷，其中最著名的可能要属弗兰克·阿巴内尔（Frank Abagnale）。阿巴内尔的自传《猫鼠游戏》（*Catch Me if You Can*）还被翻拍为同名电影，获得了奥斯卡提名。在阿巴内尔的整个诈欺生涯中，他扮演过各种各样的角色：他假装成泛美航空的飞行员，甚至受邀进入驾驶舱、控制飞机航行；他在杨百翰大学当过助教；他伪装成指导实习生的外科医生（在差点害死一个新生儿时停手了）；他还当了律师。还有克里斯蒂安·格哈特瑞特（Christian Gerhartsreiter），此人更为人熟知的名字是詹姆斯·弗雷德里克·米尔斯·克拉克·洛克菲勒（James Frederick Mills Clark Rockefeller）。他假称自己是洛克菲勒家族的成员，并凭借这种“血脉”娶到了桑德拉·鲍斯（Sandra Boss），而这名女士毕业于斯坦福大学和哈佛大学商学院，是“收入丰厚的麦肯锡高管”。这个家庭的大部分收入由鲍斯贡献，可财政大权却完全掌握在这位“洛克菲勒”手里。

人在本质上乐于相信。每当他人讲述自己的故事、生平，谈及自己的事业、人品，几乎没有人会为此寻找此人过去的同事或生意伙伴，做一些最简单的调查工作，确认对方所说是否属实。决定一旦做出，人就再难回头，在关系中的每一笔财务或情感投入，都会让人更难承认自己的判断有误。情形往往是模糊的，因此，人们很难确切地分辨他人真正的权力或能力究竟如何。

至此，包括但不限于本章罗列的因素都在告诉你：务必要遵守权力的第三个法则，并把它发挥到极致，最大限度地以权力的形象示人。

7 掌控你的权力 Rules of Power

1. 保持强大、有力、聪明、自信的形象，因为别人会根据你呈现出的形象来对待你，而这最终又将使当初的这些印象变为现实。

2. 看起来能从各种意义上的斗争中获胜，将会让你在别人面前更容易形成好感。

3. 在犯错的时候，也可以适时适当地展示出愤怒的情绪。

4. 务必抛开所有无益的条框，用言语和肢体语言向他人展示能力和自信，就算这种自信缺乏客观依据，就算自己此时并不真的充满自信，也一样要如此。

5. 如果你需要发挥领导力、为大家提供保障，就更要注意在任务导向中展现自信与能力。

6. 通过学习、通过有意识地训练让自己更善于运用非言语行为展示权力，它将为你带来切实的收效。

法则 4

建立强大的品牌：

让人们第一时间就想到你

在激烈的竞争中，怎样才能让自己从一群人中脱颖而出？

2020 年的年末，劳拉·周（Laura Chau）成为迦南创投（Canaan Partners）的新晋合伙人。迦南创投是一家从事早期风险投资的机构，自 1987 年创立以来，该机构已经募集了超过 60 亿美元的资金，投资了 30 多家上市公司。劳拉深谙建立强大个人品牌的重要性，而她也确实一直致力于此。2018 年，她登上了《福布斯》发布的风险投资行业“30 岁以下精英”榜单，为自己的金字招牌再添浓墨重彩的一笔。关于个人品牌的重要性，劳拉是这样说的：“在基金公司，要想成功，你就得谈成最好的买卖；要想谈成最好的买卖，首先你得有机会接触到这些买卖。无须他想，这是你唯一能做和要做的事情。而在这一点上，品牌是一种绝佳的营销方式，它能让人们第一时间就想到你。”

劳拉创立了一个名为“‘金’帼英雄”（WoVen）的播客，为从事风险投资的女性发声。因此，劳拉“得以接触许多杰出的女性，邀请她们来到播客中做客，和自己畅谈一个小时。这些女性或是在各自的领域非常资深，或是上市公司的创始人”。大多数人都欣然应邀，劳拉也就顺势大大拓展了自己的圈子。此外，由于在播客里和许多地位极高的人建立了联系，劳拉的地位也日益升高。这是因为，旁人对我们的认识，有一部分来自我们的同伴。一项研究发现，如果某人在组织中有地位显赫的朋友，那么别人也会认为此人本身的工作表现过人。对于这种通过强调与他人的联系获得地位的现象，社会心理学家罗伯特·西奥迪尼讲述了一个耳熟能详的例子：“曾有熟人想让罗斯柴尔德男爵（Baron de Rothschild）贷款给自己。这位大人物彼时已经坐拥无可匹敌的财富与成就，他先是拒绝了对方的请求，‘我本人不能贷款给你，’但旋即又说，‘不过，我可以和你手挽着手穿过股票交易所的大厅，用不了多久，就会有很多人争着给你贷款了。’”朋友的地位与声望会影响别人对你的判断，因此，人们总是乐于宣扬自己与成功人士的关系。据此，我们可以得到一则启示：**要建立强大品牌，其中一种途径就是把自己与声名显赫的人和组织联系起来。**

劳拉不但用她的播客联络显赫的人物，与之建立关系，还常常发布不同主题的博文，展现自己身为投资者对消费市场的洞见。另外，劳拉也受邀为一本书写了一个章节，对社交媒体发表了长篇大论。她提到，在该书作者巡展销售时，是她一个人帮忙请来了演讲嘉宾。劳拉指出，参与这本书的撰写后，创始人们就更把她视作可以倚仗的对象，她“不再只是一个名叫劳拉·周的女人，一文不名，来自随便哪家风投机构，贸然提议要经手对方的下一轮筹资工作”。

后来，劳拉开始组织大约 20 人规模的专题研讨会。她表示：“我会先选一个自己希望深入了解的话题，然后找 3 位资深的运营投资人来当专家组，这也是我拓展投资人关系网的一种手段。接着，我再在主题领域里邀请 20 位自己想认识的企业创始人。这些创始人和投资人都是领域内的专家，在研讨中，我会把他们提到的内容全部记下，然后整理成博文发布出来。”

劳拉还定制了自己的推广简讯“要闻盘点”，内容包含共享资源和精选博文，她会将其定期传给每一位跟她有邮件往来或是出席过她举办的活动的人，以此“与科技社群维持一种松散的联系”。此外，劳拉也借此听取反馈意见，搜寻参加自己活动的合适人选。2021 年，劳拉在俱乐室[①]启动了一档名为《爆款时光机》的周播节目，主要内容是回顾时下最热门的风投项目。在节目中，劳拉与不同项目的创始人和投资人交谈，不断汲取他们的经验。她在邮件里对我说：“这个过程非常有趣，我既能在一个新平台扩大自己的受众范围，又能在节目中和嘉宾建立关系。而且，我会把谈话中的亮点记录下来，在简讯里更新分享。”

播客、推广简讯、俱乐室节目、博文、专题讨论以及各种会议，这些都帮助劳拉在风险投资圈谋得了一席之地。

> 一旦你变得出众、建立了某种招牌，就更容易接到别人的邀请，比如，“到我的播客来吧！”“你可以参加这个研讨吗？可以来做主旨演讲吗？”我觉得，其实演讲人有一个特定的圈子，大家可能都是看到谁在之前的会议上发言，就再邀请谁来参加自己

① 俱乐室（Clubhouse）是一款社交媒体 APP，具有类似“俱乐部”的交流形式：每个用户都可以在 APP 中创建和开启“房间”（Rooms），其他用户可以自行选择感兴趣的主题，进入任一房间中收听或讨论。——译者注

的会议。大家会看到、想到的人来来去去就是圈里的那些。所以，只要能进入这个圈子，你就可以很自然地一直留在里面，触达越来越广泛的观众。

劳拉的事例，是对个人品牌建立中“飞轮效应”（flywheel effect）[①]绝佳的诠释：关键的事情一旦做成，往后的一切也都水到渠成。在激烈的竞争中，人可以通过此类活动先让自己与旁人区别开来、脱颖而出。进而，个人的可信度、社会关系和权力自然水涨船高。正因如此，权力的第四个法则提示我们要建立强大的个人品牌。

锤炼故事，反复诉说

好的品牌往往秉承某种连贯的精神。在最理想的情况下，品牌可以统合职业生涯与个人生活的方方面面，把个体包装成某个岗位独一无二的人选，或是注定能在某个行业开创一番事业的人。

特里斯坦·沃克（Tristan Walker）是一个出身低微的非裔美国人。沃克在纽约皇后区的有色人种社区[②]长大，父亲在他年仅 3 岁时被人枪杀。虽然生活困顿，但他还是通过不懈努力创立了沃克公司品牌（Walker

① 飞轮效应，指要使巨大的轮子转动起来，初期需要付出巨大的努力，效果可能并不明显；但一旦轮子的转速超过某一临界点，轮子具有足够大的动能后，无须再费巨大力气，轮子也可以继续保持高速转动，这时再要让轮子停下就需要极其巨大的阻力。——译者注

② 即由美国政府主导建立的住宅区，多指为工薪阶层或低收入人群建立的经济适用房或廉租房。这种看似利于低收入人群的项目在实际推进的过程中产生了各种问题。其中之一就是助长了结构性的种族空间隔离问题。——译者注

& Co Brands）。这家消费品公司面向体量庞大但服务水平低下的有色人种市场，致力于满足其特殊的美容护理需求，它获得了硅谷风投巨头安德森·霍洛维茨基金（Andreessen Horowitz）的投资，2018 年被宝洁收购。沃克极其擅长为自己和公司争取曝光度。2016 年，沃克不过 32 岁，可这位年轻的创始人和他的企业就已经被各大媒体争相报道过，包括《纽约时报》《洛杉矶时报》《人物》《精华》[①]《华尔街日报》《公司》[②]《黑檀》[③]等，其中《快公司》[④]更是以史无前例的 8 000 字篇幅的文章对他进行了报道。

沃克拥有一个打动人心的故事。作为有色人种，他自己在刮胡子时就饱受剃刀肿块[⑤]的折磨，因此他对有色人种的产品需求有着深刻的理解。彼时，市场上面向有色人种的个护产品十分匮乏，而仅有的那些又往往被敷衍地陈列在角落里。他深知，过去的企业并没有在相关产品的研发和创新上投入足够的资金，因而这个庞大的、不断增长的市场远没有得到充分的挖掘，彼时的市面上还充斥着大量过时的产品。因而，沃克时常以有色人种企业家的身份发声。他是一位天赋异禀、充满激情的活动家，他呼吁人们关注硅谷创业生态中有色人种缺位的问题。由于许多企业都希望提升

---

①《精华》（*Essence*）是面向有色人种女性的时尚美妆杂志。——译者注

②《公司》（*Inc.*）是美国唯一关注发展中私营企业管理层的主流商业报刊，为企业创新提供实际解决方案，为管理层、财务、营销、销售及科技部门提供实践工具和市场发展策略。——译者注

③《黑檀》（*Ebony*）是关注非裔美国人的新闻、娱乐杂志。——译者注

④《快公司》（*Fast Company*）是与《财富》和《商业周刊》齐名的美国最具影响力的商业杂志之一。——译者注

⑤ 剃刀肿块，即剃须时由于存留的胡茬过短，刚被剃刀修剪的毛发尖端又比较锋利，毛发在生长时有可能反过来穿入毛囊中形成内生毛，造成感染和疼痛。由于有色人种的毛发粗硬、卷曲，用普通规格的剃刀剃须时更容易造成内生毛问题。——译者注

自身的多样性和包容性，这一话题自然吸引了广泛关注，而沃克的企业雇用女性和少数族裔来设计和推广面向相应社群真正需求的产品，这正是对这一系列话题的实质性回应。

人人都需要自己的品牌声明。你要做的，就是想一想如何用两三句话向别人介绍自己，说明自己的专长和取得的成就，再想办法把这些内容和自己的某些心路历程结合起来。例如，在我的课堂上，有位波多黎各女士就富有激情地谈起要在本国发展技术与知识经济，从而推动当地的经济发展。她把这当作自己的招牌，然后结合自身科技行业的背景和在私募股权公司托马布拉沃（Thoma Bravo）的工作，最终形成了一个完整的故事。还有一位非裔内科医师（他也取得了商科学位），他谈到了医疗保健资源乃至健康状况不平等的问题，而他在成长过程中的亲身经历，以及他的职业发展轨迹，都和这些议题紧密地联系在一起。

如果你已经想好了自己的品牌声明，务必也请专业的同事、朋友一起看看，多提意见。接下来你要考虑的问题就是，如何将这些内容广而告之。

有人和事的地方就有故事。所以，你理应把话语权掌握在自己手里，这样一来，你才能抢在所有人之前述说自己的故事，缔造自己的品牌标识。

1997 年 12 月，埃默里大学商学院教授杰弗里·索南菲尔德（Jeffery Sonnenfeld）被指控破坏该校的戈伊苏埃塔商学院教学楼，尔后他在校警的威逼下递交了辞呈。本来，索南菲尔德教授不日也要离开埃默里大学，到佐治亚理工学院当院长了。可是，时任埃默里大学校长的威廉·蔡斯（William Chace）拨通了佐治亚理工学院校长的电话，告知了对方索南菲尔德的“所作所为”，提醒他小心这个即将上任的院长。随后，佐治亚理工学院收回了抛给索南菲尔德的橄榄枝。

结果，这一切都是莫须有的指控。2000 年 7 月，被索南菲尔德告上法庭的埃默里大学最终支付了数百万美元的赔偿，而佐治亚理工学院也因为在委任问题上出尔反尔，于 2009 年向索南菲尔德支付了 120 万美元的补偿金。

最初，索南菲尔德和埃默里大学其实已经达成了协议，决定一致宣称索南菲尔德是因为健康问题（高血压）选择引退。蔡斯曾保证，自己不会对外贬低索南菲尔德，双方对此保持缄默就好。然而，蔡斯并未信守承诺，这一闹剧很快见诸报端，《纽约时报》《华尔街日报》《亚特兰大新闻宪政报》均登载了相关新闻。刚开始的一个多月里，索南菲尔德因为被开除而深感屈辱，对这些新闻未置一词。人在面对挫折时感到屈辱是再自然不过的反应，但是这毫无作用，只会让人认为事已至此，肯定是自己活该。

不过，索南菲尔德很快就拿到了他所谓的“罪证”，他随即拿着这段监控录像[①]，广泛联络学界和商界各方，为自己严词正名。后来，《60 分钟》栏目播出了一期节目，名为《凋敝的象牙塔》。节目内容对索南菲尔德相当有利，一经播出，群情激愤，埃默里大学的大批学生和校友极力声援索南菲尔德教授，最终逼着学校坐到了谈判桌前协商如何平息事件。

索南菲尔德的经历包含了诸多教训。

---

① 在事件中，索南菲尔德被拍到在院楼走廊上雀跃、衣物拂到走廊墙壁，而这被学校作为他“毁坏学校财物”的“罪证”。

- 马克·吐温有句至理名言："当真相还在穿鞋的时候，谎言已经跑了半个世界。"此事便印证了这一点。

- 我们应该把自己的故事版本讲出去，越早越好，越多越好。否则，他人的印象一旦形成，我们就很难再改变它了。

- 人们在遇到事情、要离开组织时，常常面临一个状况：要拿钱可以，但条件是对发生的一切保持缄默。然而这样一来，你的名誉可能蒙受巨大的损害，而由于不能讲述和捍卫自己的故事，各种各样严重的问题也可能伴随而来。

沉默未必是金，尤其是在影响你工作与事业的流言铺天盖地、你必须说出真相的关头，沉默便必不是金。

设计一套装扮

劳拉·周的父母是越南人，他们是一代移民[①]。为了摆脱刻板印象，劳拉形成了一套个人风格，让自己更令人瞩目。劳拉本就比大多数越南移民高出许多，再加上她特意穿着高跟鞋，身高足有一米八五。此外，她还有意穿得非常时髦。出挑的身高和打扮让她与众不同。她表示："很多人见到我，都会觉得，'你真是我见过最高的越南女人。'在刻板印象中，亚洲女性总是颔首低眉、辛勤工作，我觉得自己正是因为反其道而行之，才能脱颖而出。"

① 指劳拉·周的父母是从越南移民到美国的，而劳拉则是作为二代移民在美国降生的。——译者注

借穿着和外貌树立个人品牌并不新鲜，不过这并不意味着它就不重要。特拉诺斯（Theranos）骗局[①]中的那位伊丽莎白·霍姆斯（Elizabeth Holmes）总穿着同款黑色衣服，好让旁人觉得自己无暇考虑穿着打扮。史蒂夫·乔布斯也有一套固定的打扮（霍姆斯可能就是想效仿他）。马克·扎克伯格曾一度以爱穿帽衫出名。Block[②]现任 CEO、Twitter 前任 CEO 杰克·多尔西（Jack Dorsey）这些年的穿衣风格倒是有过变化，他以前走的是朋克路线，后来逐渐改为比较保守的常规总裁风格。2020 年春天，多尔西顶着一脸邋里邋遢的"居家隔离款络腮胡"形象出现在国会的听证会上。你要是有心把点评多尔西形象的文章数量和实际报道他证言内容的文章数量比较一下，一定会觉得非常有趣。

舆论对 CEO 们不同的或是特殊的打扮如此青睐，正说明每个人都应该谨慎考虑自己希望通过外在形象传达给大众的信息，并始终遵循着这一目的行事。我们已经认识过威利·布朗，他曾任旧金山市长、加利福尼亚州众议院议长，这位出身于得克萨斯州的一个贫困家庭的非裔政治家兼律师非常钟爱昂贵的布里奥尼西装，还总是开着高档跑车。布朗被《时尚先生》誉为"加利福尼亚州最具衣着品位男士"，他本人则表示，这种格调正是自己成功的秘诀。1984 年，在接受《60 分钟》栏目的访谈时，布朗自称是"一件行走的艺术品"。他希望用外表、打扮对所有人宣示：他是一号令人不容小觑的人物，掌握着大量的资源。别具一格的衣着让布朗在人群中，甚至在议员同僚中永远都是最突出的那一个。就这样，他极其精明地树立了有别于旁人的正面形象。

① 特拉诺斯是在硅谷创立的生物医药企业，它谎称拥有不切实际的生物监测技术，在硅谷大肆骗取投资。——译者注

② 前身为 Square，是美国最大的移动支付、互联网金融企业，地位相当于国内的支付宝。——译者注

第一要务是让自己的品牌广为人知

如果你已经有了品牌，有了融合自己职业生涯乃至个人生活方方面面的引人入胜的故事，那么接下来第一要务就是让它们广为人知。此外，如果你选取的传播渠道还能和个人品牌的内涵协调统一，就更好了。真要说起来，传播信息的方法简直不胜枚举。

播客

有的人，或者说已经有太多人选择了播客。要在海量的频道里突出自己播客的特色，你需要想方设法地吸引别人，让他们自发地帮你推广。能不能找到赞助商？有没有新奇有趣的内容视角？能不能请来知名的嘉宾？能不能把频道坚持运营下去？相关问题需要深入思考。我们在前文讲过规则破坏者贾森·卡拉卡尼斯。这位作家、天使投资人兼活动策划人也创立了自己的播客，名叫“初创企业周报”（This Week in Startups）。这个播客一周两更，周周如此，雷打不动，但要是碰到爆炸性新闻，他也可能“紧急加更”一期评论节目。年复一年，播客的听众数量稳步增加，达到40万人之多。我有时跟人说，卡拉卡尼斯是十年如一日地下了苦功，才换来一朝成名、天下皆知。除了坚持，这个播客的成功，很大程度上还受益于其立足点，也就是创业生态。卡拉卡尼斯访谈过很多创始人和投资人，有时还有一些作家。几乎没有人会拒绝来这个频道做客，这些风趣的创始人和技术巨子慕名而来，无形中又让播客和卡拉卡尼斯本人名声大噪。“初创企业周报”还有赞助商来投放广告，所以卡拉卡尼斯相当于是一边不断巩固自己的品牌形象，一边还能把自己的影响力和流量直接变现。

出书

作为 Uber 最早期的投资者之一，卡拉卡尼斯一直都是天使投资的拥护者，他举办了许多活动来培训天使投资人，让他们彼此结识，和创始人接触。为了更好地树立自己的招牌，卡拉卡尼斯写了一本书：《富人思维》[①]。不到一个月，卡拉卡尼斯就写好了书的初稿。他告诉我，花时间写这本书是极其明智的，他的名气由此变得更响亮了，而且书中深刻的见解和实用的建议也让他的公信力大大增强。

如果你实在不想自己写书，比如可能没有时间，或者不擅长写作，那也可以请人代笔。可以提供这种服务的人有很多。书可以缔造品牌，若能大卖则效果更佳，所以，很多时候人们也会把自己的书买下分送出去。如果书里写的是你自己的经历，那你必然可以主动塑造自己的故事。比如，已故的李·艾柯卡（Lee Iacocca）在自传里就特意略过了福特平托车案（Ford Pinto）的始末，这款车曾发生过油箱爆炸事件，而艾柯卡实际上参与过它的开发设计。

多年以前，我曾到爱沙尼亚的首都塔林做演讲。当时，著名剧作家约翰·伯恩（John Byrne）正好也在当地的另一个活动上做汇报，于是我和我太太跟他们夫妻俩一起吃了晚餐。酒酣耳热时，我对伯恩说，在杰克·韦尔奇的成功神话里，伯恩的功劳并不比韦尔奇本人少。他深表赞同，实际上，他正是韦尔奇那本自吹自擂（抱歉，我想说的是“真实客观”）的自传背后真正的写手。在这件事上，伯恩并非大言不惭。某位直接向韦

① 英文名为：Angel: How to Invest in Technology Startups-Timeless Advice from an Argel Investor who Turned $100 000 into $100 000 000。

尔奇汇报的高管就说过，通用电气上上下下的员工数以万计，韦尔奇何以包揽所有功劳呢？原因很简单，因为只有他讲了故事。商业自传的成功不仅在于书籍的畅销，更在于它创造的品牌，在于它为主人公精心整饰的形象。正是这种品牌与形象的力量，让众多管理者与企业家的传记备受追捧。纵使个中细节多有遗漏、难以考证，或者存在自我推销之嫌，然而这些传记还是为主人公打造了强有力的品牌。

要是你连跟“枪手”合作的时间都没有，采取更简单的做法也无不可。你可以撰写博文和杂志文章，或者分享其他任何可以展示你的分析、见解并能吸引读者的内容。建筑与材料行业有个巴西人叫马塞洛·米兰达（Marcelo Miranda），他从20岁出头就开始写文章。要是被拒稿，他就马上换个地方再投出去，长期积累下来，他建立起了自己的招牌，被巴西一部顶尖的商业杂志评为“未来CEO人才”。要知道，凡被列入这个杂志名单的人，都极有可能真的成为年轻有为的CEO。

组建或参加会议

在事业刚刚起步时，卡拉卡尼斯就已经懂得会议的重要性——这些会议必须要精心策划、内容精良，还得准备别出心裁的美酒佳肴。目前，他长期运作“启动”（Launch）项目，这是一个综合平台，能把大量创始人、投资者以及所有对创业感兴趣的人聚在一起。到2020年年初，“启动”项目的参与者已达15 000人之多，世界各地的城市都争相举办它。这个项目同样经历了漫长的发展过程，最初，它并不是技术行业中令人向往的一个项目。卡拉卡尼斯把项目做大的秘诀是同时开设众多分会场，让大家竞争出席主会场的资格。除此之外，在每位演讲者开讲前，他都一定要先看过演讲内容，并提出修改建议，力求参与者准备充分，演说内容引人入胜。

如今，卡拉卡尼斯运营的子项目数不胜数，例如天使学堂、创始人学堂，以及一些旨在将创始人和天使投资人双方联系起来的其他项目。这些活动不仅让卡拉卡尼斯在创业界和天使投资界树立了自己的品牌，也让他得以使创业生态中不计其数的人环绕在自己周围，从他们身上获取机会和信息，不断学习，变得越来越博闻强识。

创造条件获得媒体关注

如果你有了一个故事，也在当中为自己讲了很多好话，那么最好的传播办法是借别人之口将它说出去。这是因为，在介绍自己时，往往会存在“自我推销难题”（Self-promotion Dilemma）。

- 一方面，人们需要宣示自己的能力，展示自信和专业度。在类似面试、推销的场合中，这么做无可厚非，毕竟这时要体现当事人的优秀品质，只能让当事人亲口表达。
- 另一方面，在更多的情况下，大家对“自卖自夸”的人缺乏好感，这种行为往往伴随着社会的指责。

研究表明，如果某人歌颂别人，就算他收受了对方的好处也是无妨的，对于被歌颂者，自我推销的诸多弊端已然不复存在。因此，媒体很可能正是绝佳的喉舌，即使它们是因为间接或直接的报酬才说好话，但宣传的作用实际上也不会受到影响。杂志和报纸就有很多这样的模块，我们明知它是广告，可还是会觉得它和寻常的内容没什么两样。建造大师罗伯特·摩西也明确说过，你可以设宴款待媒体人，让他们享受美酒美食，结识感兴趣的人，这样一来就能把他们拉拢到自己这边。

要想拉拢媒体，最好的办法可能是让自己更易于接触（比如乐意接受个人访谈），这可以让媒体人更易于完成他们的工作。现如今，媒体从业者所处的环境往往是任务紧张而经费有限，他们总会连续工作很长时间。但是，如果写你的稿子非常轻松，那么，你不但会成为媒体人最喜爱的、容易报道的主人公，还能激活互惠的规范。

J. J. 麦考维（J. J. McCorvey）执笔了《快公司》对特里斯坦·沃克的超长报道。对于这位主人公，麦考维是这样评价的："我一和他联系，他马上就为我创设了各种条件，邀请我到他的办公室里充分地观察他，了解他本人、他的朋友、他的家庭。我为许多人写过许多故事，可是从来没有人像他这样好接近，这简直是每个记者的梦想。"

西班牙 IESE 商学院教授努丽娅·钦奇拉（Nuria Chinchilla）在写作、咨询以及"工作"与"家庭"平衡领域的政策制定等方面非常出名。她是他们学院工作与家庭国际研究中心（International Center on Work and Family）的主任。在不断扩大自身知名度的同时，她也一直呼吁社会关注"工作"与"家庭"融合的议题以及工作场所中的女性处境。钦奇拉会如此著名，她写作的内容只是一部分原因，更重要的是，她善于让别人关注自己写了什么、做了什么。很久以前，钦奇拉就已经认识到了曝光度的重要性。因此，这些年来，她一步步为自己争取到了越来越多的媒体版面。

首先，她易于接近。她会接听记者的电话，尽可能第一时间接受访谈，还总是愿意迁就记者的日程和截稿时间。钦奇拉愿意、也有能力成为公众人物，而承担这样的角色意味着要投入大量时间和精力。

其次，钦奇拉会向记者开放自己组织的会议，让他们能够接触到与会的高管。她愿意共享自己研究的数据。或者说，从一开始，她就非常重视和媒体建立良好的关系：

> 2001 年，我们举办了第一届女性人力资源管理者会议。开会的前一天，有人给我打电话，告诉我他们听说我做了一些研究，问我能不能接受访谈。我马上说："好啊。你们在马德里，明天我刚好也要去马德里。不如你们到 IESE 商学院的会场这里来怎么样？你们可以采访我，还可以采访参会的每一位女士。你们可以来听所有的会议，可以跟我们共进午餐，然后你们想写什么都尽管去写吧。"从那以后，每个人都来采访我。对于大多数访谈，我都是在车上、在办公室、在家里通过电话完成的。每时每刻都是如此。我对想采访我的人很是照顾，所以电视、广播和报纸对我也很满意，他们还会回头找我第二次、第三次。

很多企业领导觉得自己无须亲自拉拢媒体。他们不想花费太多的时间和精力，所以雇了专门的营销和公关人员。曾为特里斯坦·沃克工作的公关主管艾利克斯·康斯坦丁诺普尔（Alex Constantinople）表示，很多管理者认为自己并不需要个人品牌，但沃克的看法则正相反。企业家、风险投资人马克·苏斯特（Mark Suster）在客户关系管理公司 Salesforce 工作时曾与该企业的创始人兼 CEO 马克·贝尼奥夫（Marc Benioff）[①] 共

① 贝尼奥夫曾在他的畅销书《Salesforce 传奇》（*Behind the Cloud*）中讲述了 Salesforce 高速发展背后的秘诀，该书目前已由湛庐引进并策划，中国纺织出版社 2021 年出版。——编者注

事过。苏斯特说，贝尼奥夫深知媒体的重要性，他会给记者发私人消息，会亲自接听他们的电话。大概正因如此，相比于起技术行业的一众同行，贝尼奥夫得到的正面报道才会这么多。

巧用无伤大雅的争议

要建立自己的品牌，仅仅是跟媒体人关系融洽还不够，你还要让自己具备新闻价值。当今世界追求高点击量，吸引眼球、赢得注意才是王道，而所谓的“新闻价值”在很大程度上意味着有争议。在这一点上，贾森·卡拉卡尼斯又给我们上了一课。

20 世纪 80 年代，卡拉卡尼斯创办了一本名叫《赛博漫游》（*Cyber Surfer*）的刊物。结果，由于和出资者闹僵，刊物破产，他只好又自己办起了《硅谷报道》，追踪纽约技术行业动向。5 年之后，这部靠刷信用卡办起来的杂志的年利润已经高达 120 万美元。在创刊的第一年，为了让杂志有更高的曝光度，卡拉卡尼斯设立了“硅谷 100”排行榜，盘点一百个最重要的个人或企业。关于设立这一榜单的意图，他是这么说的：

> 我的团队竭力劝阻我，觉得做排行榜会得罪人。我告诉大家：“就因为得罪人，我们才更要做。”那谁排第一呢？大家觉得自然是双击公司（DoubleClick）[①]，他们产品好、最有钱、员工也最多。于是我说：“很好，那他们排第二。”我想让每个人都来讨论这个排行榜，都来琢磨第一名究竟比自己好在哪里。最后，我

① 双击公司是网络广告服务商，他们掌握广告定向报告和用户定位核心技术。

> 选了埃斯特·戴森（Esther Dyson）作第一名。她是女性，而且连比尔·盖茨都要给她打电话，听她的意见……她是技术行业的梦想家。从这以后有七八年的时间，总是不断有人来向我打听，自己明年会排第几。

卡拉卡尼斯的策略眼熟吗？眼熟就对了。1988 年，约翰·伯恩在《商业周刊》发布了第一版商学院排行榜。榜单一出，舆论哗然，因为第一名不是哈佛大学商学院，不是斯坦福大学商学院，不是宾夕法尼亚大学沃顿商学院，也不是麻省理工学院斯隆商学院，而是当时还名不见经传的西北大学商学院。令人诧异的选择，富有争议的排位，这些都能吸引公众的注意力。

了解卡拉卡尼斯的人会告诉你，他的偶像是霍华德·斯特恩（Howard Stern），这位作家兼制作人同时也在杂谈节目担任主持人，常常发表惊世骇俗的言论。在特拉维斯·卡兰尼克（Travis Kalanick）深陷 Uber"媚男文化"（Bro Culture）[①] 风波时，卡拉卡尼斯挺身而出，在美国消费者新闻与商业频道（CNBC）的《尖叫巷》（*Squawk Alley*）节目上为他辩护。卡拉卡尼斯在节目里总是畅所欲言，CNBC 简直爱死了这样的嘉宾，一直希望为他专门开设一档节目，让他常驻。在一场派对上，迪士尼前总裁、创意艺人经纪公司（CAA）创始人迈克尔·奥维茨（Michael Ovitz）对卡拉卡尼斯表达了仰慕之情。因为"你总是敢说真话。不管别人怎么想，你都会直接站出来、说出来。你会选定一个立场，维护自己的

---

① 媚男文化指 Uber 一系列人道相关丑闻中反映出的复杂的、病态的文化倾向。Uber 曾被爆出极度偏向组织内部的年轻男性员工、对针对女性的歧视和性骚扰坐视不管、对受到司机性侵的女乘客横加指责并散布其医疗检测报告等丑闻。——译者注

朋友，而且你从不钻牛角尖”。

抓住重要关系给你的每一次机会

萨迪克·吉兰尼（Sadiq Gillani）在年仅 32 岁时就被名声显赫的汉莎航空公司任命为战略主管，成了该公司历史上最年轻的高级副总裁。虽然吉兰尼当时根本不会讲德语，虽然汉莎航空是一家非常传统的德国公司，但时任 CEO 的克里斯托弗·弗朗兹（Christoph Franz）毅然决然地钦点吉兰尼，让他坐上了主管的位置。2022 年 1 月，吉兰尼加入了德国第二大航空公司神鹰航空（Condor）的监事会，还以航空与旅游投资高级顾问的身份，加盟了神鹰航空新的所有者——证人资本（Attestor Capital）。纵观吉兰尼的整个职业生涯，我们可以很清楚地看到，他最大限度地运用了自己在汉莎航空的位置，不断提升自己的品牌形象。

从商学院毕业后，吉兰尼曾在深耕航空业的精品咨询公司 Seabury 工作，后来还成了它的合伙人。在吉兰尼加入汉莎航空之际，Seabury 的前任主管对他说，他应该善用汉莎航空提供的广阔平台，为自己建立曝光度和知名度。吉兰尼将这话铭记在心，多年间，他一直从这席话里汲取养分，在航空业中不断扩大知名度，建立品牌。汉莎航空其实早就是世界经济论坛的成员，但一直以来并不活跃。吉兰尼则充分发挥了自己在汉莎航空职位的优势，拓展了自己的人脉网络：

> 我作为汉莎航空的代表团成员来到达沃斯，在那里偶然听说了“全球青年领袖”这个社区的存在，当即决定要争取加入。组织对申请者的其中一个要求，是让公司的 CEO 写一封推荐

信……总之，我就进到项目里去了。后来，我成了汉莎航空的代表，还有机会参加世界经济论坛全球未来峰会旅游业分会场。在这个会上，来自世界各地的 20 多人会一起制定世界经济论坛里关于旅游与流动性的议程。

吉兰尼曾应邀来斯坦福大学的旅游与酒店俱乐部（Travel and Hospitality Club）做讲座。讲座反响很好，吉兰尼还认识了 MBA 项目的副主任。之后不久，他就加入斯坦福大学为期两周的压缩课程中，进行旅游业相关内容的合作教学。其间，他利用自己在世界经济论坛建立的关系，邀请嘉宾来给学生讲课。见到行业的重量级人物让学生们很是受用，而这些享誉盛名的管理者自己也非常乐意被请到斯坦福大学做演讲。

由于在航空业战略层面发挥着重要作用，又在世界经济论坛交际甚广，吉兰尼收到了 TED 的演讲邀请。这场演讲引起了很大关注，收获了 13.5 万的播放量。吉兰尼提到，当有人把他介绍给 TED 演讲的德国组织者时，他自己主动提出想做一次史无前例的、关于航空业的讲话。

吉兰尼表示，每一次参与推动自身品牌建立的新活动，其实都建立在过去工作的基础之上。“因为他在汉莎航空扮演着首屈一指的角色，又是‘全球青年领袖’的成员，《资本》杂志将他评为德国 40 名 40 岁以下青年高管。《金融时报》把他列入了‘100 位杰出高管’以及‘100 位少数族裔商业领袖’榜单。”吉兰尼不仅接受汉莎航空内部刊物的访谈，也乐意受到众多商业期刊的采访，获得媒体的大幅报道。

这一切对吉兰尼管用，对其他人也是一样的。如果你在知名的组织里工作，千万别只把这个头衔写在你的简历和个人信息里。你应该好好利用这层关系，与其他地位更高的个人和组织建立联系，不厌其烦地为自己的品牌资产添砖加瓦。

有苦劳，也要功劳

为自己的工作挣来应得的功劳是建立品牌、积累声誉的重要一步。这意味着你得抛开无益的谦卑，放下“工作成果自会说明一切”的观念，积极讲述自己的故事。你的老板、同事都有自己的事要忙，所以你不该指望他们会留意到你的工作，赞扬你的成就。

Facebook 市场部的副总监德博拉·刘（Deborah Liu）为公司效力的时间超过了 11 年。她同时也是财捷集团（Intuit）董事会成员，后被任命为族谱网站（Ancestry.com）CEO。德博拉是工程师出身，有专利傍身，还曾经在 PayPal 工作，她一直相信行胜于言、自己的绩效会说明一切。她告诉我，自己当初加入 Facebook 时开发的项目，其实就是公司如今游戏业务和 Facebook 信用板块的前身。这个业务对公司而言至关重要，它贡献了大约 15% 的利润，在公司上市后第一季度的收入报告中甚至要单独列出。然而，她表示：“工作完成后，我们真的再也没有谈论过这件事，也没有人在意它。原团队里的一部分人陆续离开了公司，剩下的也都接着去忙别的事情了。”

渐渐地，德博拉越来越感到自己的事业进展不如预期，也越来越为自己和团队没有得到足够的认可而沮丧。于是，她找机会参加了总裁教练项目，也正是因为有她的教练做介绍，我们才认识了彼此。教练告诉她，她必须改变既往的沉默做派，向别人讲出自己的故事，讲出自己团队的故事，挣得应有的功劳。

休完产假后，德博拉牵头启动了一个叫手机应用安装广告的新项目，帮助 Facebook 向用户推荐可供下载的应用软件。

> 2012 年，公司上下都在为解决不了移动端变现的问题一筹莫展，因为我们还几乎没能在手机端投放广告。就在这时，公司把这项艰巨的任务交给了我们团队。我们要率先开发直接响应广告，可那时我们还只是一家品牌广告公司，而且，开发团队成员甚至没有广告行业的背景。

德博拉学会了让所有人知道自己和团队在做什么工作。她说：

> 我逢人就说："我们正在攻克移动端变现的问题，目前我们打算这样做。"
>
> 我们的核心团队只有五名成员，其中有三位是工程师，一位是从别的地方借来的数据科学家，另一位就是我了。我想方设法让全公司的人都知道了我们正在做的事。我做了很多幻灯片，拟写了很多实施策略。
>
> 我找到扎克伯格，向他兜售我们的想法。我们手头的资源实在太少，所以我竭尽所能，让这项工作广为人知。结果每个人都愿意来帮我们。欧洲区合作伙伴关系主管说："我会帮你们推广这个产品。"然后他们就找到了很多开发商，向对方解释产品的概念，安排新型广告的测试。归根到底，我其实就是把一个故事

讲了又讲。所有人都知道了这个产品的存在，这还没完，人们还自发地口耳相传。这个产品还出现在了高管财务电话会议里。就这样，因为我们讲了故事，又把这个故事和公司最大的问题紧密地联系在一起，有很多人都愿意挤出时间帮助我们。在解决公司最迫切的需求时，人人都想出一份力；大家听了故事，就也想一起书写它。直到今天，在我们放弃这个产品的多年以后，“一个小小的团队在攸关时刻成就创举”的故事还在流传着。现如今，顺着我们之前的思路而衍生出的产品已经是相关领域中首屈一指的存在，但相比于整个 Facebook 公司来说，其实也是微不足道的。即便如此，关于这个产品的故事还是成了一个重要的起点，从那以后，许许多多的团队在它的激励之下，不断向巨大的困难发起挑战。

最终，德博拉赢得了她的功劳。在这份功劳中，那个小小的产品只是一小部分。更重要的是，由于她一遍又一遍地讲述这个大家喜闻乐见的故事，一次寻常的产品开发工作，竟撬动了极其深远的精神价值。

圣约瑟夫学院的教授理查德·霍尔斯特德（Richard Halstead）说：“跨越一个又一个世纪……人们总是一遍又一遍地传颂英雄的故事。”这些故事凝聚了“人类顽强的力量和执着的精神”，道尽了人定胜天的无限可能。这类故事的经过总是不变的，往往是一个人遭受了意想不到的挫折，在挫折中他们总结教训、实现了个人蜕变，随后重新投身到问题中，以最终的成功作为自己学习、成长的证明。

从这一点来看，除了“讲故事”的重要性，德博拉的经历还能告诉我们另一个道理。**如果要建立一个经久不衰的品牌，你的故事就应该向英**

雄的故事无限靠近，唯其如此，它才能刻进人们记忆，鼓舞人心，激起共鸣。

愿意把故事讲给大家听

有很多人不愿意做一些感觉像“自我推销”的事情，如果你是女性，或者成长于崇尚谦卑品格的文化环境中，这种现象会尤其突出。这样就会产生一个问题：如果你自己不讲出自己的故事，会有别人替你讲吗？别人还会看到你的成就吗？这些你都没法确定。

要克服这种不情愿其实有一个办法：你可以为这些帮助自己建立品牌、为自己争取功劳的活动赋予新的意义。德博拉就分享过自己鼓励别人时的说法：

> 当时我在一个活动中讲话，讲到了自我评价，这位女士就说：“我真的很不擅长自我推销。”我问她：“你意识到自己刚刚做了什么吗？如果你像这样把客观的自我评价当成自我推销，那你就永远不会把自己的工作介绍给大家了。这对你的工作是很不公平的。但是，如果你换种思路，比如告诉自己，你是在让上司更了解自己的作用，或者是在帮助自己的团队得到应有的认可，这样，感觉是不是就很不一样了呢？”她听后说：“你说得对。我一直以来都想错了。”

这样一个简单的认知重构足以让人明白，讲出自己的故事、讲出自己同事的故事，是非常重要且必要的。与此同时，讲故事一旦被赋予了新的意义，人们也就能更轻松地完成这些关键任务，建立起自己的品牌。

最后，我还想表达一点。自我推销、建立品牌的这些提法，乍看似与吉姆·柯林斯（Jim Collins）的建议相互矛盾。柯林斯在自己的书《从优秀到卓越》(*Good to Great*）中提到了“第五级领导力”，也就是职业经理人的最高境界——同时拥有极度的个人谦逊和强烈的职业意志。对此，我有三点看法：

- 柯林斯研究的是成为 CEO 以后有效的领导行为。我们俩曾经讨论过，也一致认为，在追求更高级别的过程中与在安享权力之后的最优行动策略是很不一样的。
- 根据柯林斯自己给出的数据，第五级领导力实际上是非常罕见的，说是“百里挑一”也不为过。研究行为特例或许有趣，但这并不能指导大多数普通人的行为。
- 近来有研究发现，由于人们总被教导要保持谦卑，隐瞒自己的成功是日常生活中非常普遍的现象，但是这种做法很可能带来人际成本。背后的原因在于，他人会觉得隐瞒成功的动机蕴含着一种家长式[①]的思维，因而感觉受到了侮辱。

① 即对方会认为，个体隐瞒成功的举动是一系列考虑的结果：个体对交往对象的个性品质、情绪稳定性等做出了负面的评价，如认为对方会产生嫉妒等负面反应，因此做出了“对对方最好”的决定，即隐瞒自己的成功。由于这种归因直指个体对他人负面甚至恶意的揣测，他人自然会感到自己受到侮辱。——译者注

7 掌控你的权力 Rules of Power

1. 沉默未必是金，尤其是在影响你工作与事业的流言铺天盖地、你必须说出真相的关头，沉默便必不是金。

2. 你要谨慎考虑自己希望通过外在形象传达的信息，并始终遵循着这一目的行事。用外表、打扮对所有人宣示：你是一个不容小觑的人物，掌握着大量的资源。

3. 如果你在知名的组织里工作，千万别只把这个头衔写在你的简历和个人信息里。你应该好好利用这层关系，与其他地位更高的人和组织建立联系，不厌其烦地为自己的品牌资产添砖加瓦。

4. 如果要建立一个经久不衰的品牌，你的故事就应该向英雄的故事无限靠近，唯其如此，它才能刻进人们记忆，鼓舞人心，激起共鸣。

5. 你可以为这些建立品牌、为己争取的活动赋予新的意义，以此克服不愿讲出自己故事的这种不情愿心理。

法则 5

拓展人脉，一刻也别停：

用社会关系推动事业发展

广结人脉，还是埋头苦干？

奥米德·柯德斯塔尼（Omid Kordestani）是波斯裔美国人，他手握圣何塞州立大学的电气工程学位，还读了 MBA。1999 年，在谷歌还是一家小公司时，柯德斯塔尼就作为首位商界人士成了谷歌的第 11 号员工，担任公司全球销售及业务拓展高级副总裁，直到 2009 年卸任。在离开公司时，柯德斯塔尼已经坐拥 20 亿美元身家。2014 年，谷歌为能临时返聘柯德斯塔尼开出了 1.3 亿美元的年薪。现如今，柯德斯塔尼已经完成了 Twitter 执行主席的工作，加入到了公司的董事会当中。

几年前，柯德斯塔尼到斯坦福大学开讲座。他在回答问题时提到，我的权力课程是他在商学院学到的最重要的一课。这番话让我的课更热门了。不过，我更好奇的是，是什么内容让他觉得这么有用呢？于是，我联系到他，跟他一起吃了顿早餐。他的故事正是对本章主题再生动不过的诠释，因为它把社会关系、拓展人脉对事业成功的重要作用体现得淋漓尽致。

柯德斯塔尼表示，受文化和教育背景的影响，虽然上过我的课，但一开始他还是尽力避免运用权术，因为他信奉谦逊的美德，坚信出色的工作自会说明一切。也正由于一开始他并没有接受课程的内容，柯德斯塔尼并不是个表现突出的学生，我对当时的他几乎没什么印象。1991 年，他从斯坦福大学毕业后先是回到惠普工作，随后又辗转了几家创业公司，但都业绩平平。

20 世纪 90 年代中期，柯德斯塔尼进入了网景公司（Netscape），这家知名浏览器公司由马克·安德森（Marc Andreessen）等人合办，创立之初，互联网行业方兴未艾。在这家公司，柯德斯塔尼把自己负责的营销和业务开发工作做得相当不错，可他的事业发展却始终差强人意。他告诉我，从那时起，他真正意识到绩效并没有想象中的那么重要，社会关系和支持的作用才是更重要的。于是，他最大限度地运用了我在课上教过的内容，彻底改变了自己在不同事务上的时间分配。他不再像过去那样，一心投入到技术性的工作当中，而是把更多时间匀出来，用来建立关系，与公司内外的人交往，让自己越来越有名气。毕竟，人如果默默无闻，不管工作做得多好，都是无济于事的。

网景并不是特别大的公司，所以除了把时间花在自己的上司身上，柯德斯塔尼也穿梭于整个硅谷，广结人脉。当时正值互联网兴起，人们第一次接触到浏览器，迫切地想了解更多，这正让柯德斯塔尼有了充足的谈资。经过不懈努力，他出色的技术背景、过人的才智以及熟稔的交际能力自然变得广为人知。与此同时，柯德斯塔尼的本职工作是营销和业务开发，而建立关系的行动恰好也能满足这些任务需求。

20 世纪 90 年代末，谷歌想吸纳一名商业人才，充实搜索业务的迷你初创团队。他们采取了自己最经典的做法，用数据做决策。经过对硅谷人才库的全面搜索，他们发现，几乎每一份与科技相关的商业人士名单上，都出现了同一个名字：奥米德・柯德斯塔尼。就这样，柯德斯塔尼成了候选人之一。即便在当时，谷歌对自己的员工就已经非常挑剔，每一位候选人都要经历好几轮面试。柯德斯塔尼的其中一场面试在下午四点左右开始，到了晚饭时间还没结束。柯德斯塔尼不但聪明，也很擅长与人交际，他提议请大家一起去吃晚餐。于是，在这个没有压力、更为放松的氛围里，柯德斯塔尼用自己的亲和力与商业才能深深地打动了所有人。他自己也说，在这顿晚饭上的投资为他带来了成为谷歌第 11 号员工的回报，这是一笔无穷的财富。

罗斯・沃克（Ross Walker）的例子也值得一看。他是斯坦福大学史上最年轻的校董，如今是房地产投资公司霍金斯维资本（Hawkins Way Capital）的创始人，掌管十亿美元的资产。沃克认为，“人脉即命脉”。早在学生时代，沃克就开始为同学们组织有趣的社交活动。他在第一学年的暑假，为成功创办了一家连锁酒店的斯坦福校友无偿工作——是的，工作结束时，沃克没有收下对方给他的酬劳。在校期间，沃克仔细寻找合适的工作机会，希望能有较大的收获并和带领自己工作的导师建立良好的关系。最终，他找到了知名地产开发商卢・沃尔夫（Lew Wolff）。沃尔夫对连锁酒店和运动队伍很有兴趣，而此人后来也确实成了沃克的重要导师以及早期资助者之一。毕业时，沃克在洛杉矶投资了几家高端夜店和活动场所，还和当地的众多同行熟识起来，这样一来，他就可以让自己想结交的人享受到最盛情的独家招待。房地产开发本质上是要把项目和资金匹配起来，要让项目落地，免不了要跟当地的建筑规划管理机构、建筑供应商和营销机构打交道。在这些活动中，认识关键的人物、成功建立起关系都是必不可少的。

我们在前文介绍的规则破坏者、营销大师基思·法拉奇写了一本关于拓展人脉的书——《别独自用餐》（*Never Eat Alone*）。他还开了一家咨询与演讲服务公司——法拉奇绿讯（Ferrazzi Greenlight），这家公司之所以能够大获成功，是因为无论是工作人才还是消费者，一旦他们了解了法拉奇其人，了解了他的公司，都会被吸引而来。法拉奇需要了解他人，更需要他人了解自己。客户若是要向谁购买咨询或演讲服务，必定要先知道这个人或者这个公司的存在并对其产生良好的印象，因此，法拉奇非常重视关系的建立。

在 40 岁生日时，法拉奇请友人帮自己在 7 个不同的城市举办派对，并且全都亲自出席。在帕洛阿尔托的派对上，我随机地找了很多人攀谈，结果大约有 1/3 的人此前并没有见过法拉奇本人。利用这样的场合，法拉奇既可以发展新人脉，又可以重新联络已经认识的人。他曾说，自己的目标是为这个世界留下能够产生深远影响的遗产，这一宏愿无法凭一己之力达成，所以他需要寻求他人的帮助。简单来说，无论是在组织中，还是在社会中，要把事情完成，社会关系都是非常重要的。

俗话说“有本事不如认对人”，这句话是有一定道理的。认识多少人、认识哪些人，对你的影响力和事业发展都很关键。因此，权力的 7 个法则中的第五个是：要拓展人脉，一刻也别停下。也许你的人脉网络并不足以让你像奥米德·柯德斯塔尼一样中头彩，像基思·法拉奇一样写出畅销书又创立了咨询公司，或者像罗斯·沃克一样成为成功的房地产投资人。**大**

量的研究已经证明，拓展人脉、建立社会关系能够带来权力，助推你的事业发展。本章将会呈现部分相关的证据，并提供一些具体指引，教你如何更有效、更快捷地拓展人脉。

投入充足时间，建立有益联系

人是社会动物，因此在闲暇时，人们总要花些时间和别人打交道。第五个法则立足于其中的一个问题：人们把大多数时间用来联络亲友，却不大顾及工作中的上司、同事，或是其他有利于自身职业发展的人。

例如，一项研究采用了《美国人时间使用调查》（*American Time Use Survey*）中的活动日志数据（diary data），研究人员发现，人们每天的平均社交时间是 112.9 分钟，也就是 2 小时左右，然而，其中只有 9 分钟是用来与同事交流的。另一项面向超过 1.2 万名商务人士的调研发现，那些宣称人脉在自身的成功中发挥了重要作用的人每星期平均花费 6.3 小时构建人脉，而保留了意见、表示人脉对自身成功没有影响的人每星期在同样的活动中只花了 2 小时，甚至更少。这篇文章的结论是：人们每周应当用 8 ～ 10 小时来建立职业上的人脉关系，因为“通过人脉得到更多生意的秘诀，就是在上面多花时间”。

几乎每一个人都能认识到，拓展职业人脉，也就是与具备工具性价值的人建立社会联系，对自身的工作和事业发展是非常重要的。然而在实际行动中，人们却总是没能充分展开相关活动，背后的原因很值得探讨。

这一现象有诸多解释，而这些解释在很大程度上是彼此相关的。诺贝尔经济学奖得主、心理学家丹尼尔·卡尼曼（Daniel Kahneman）曾与同事共同开发了一种测量日常生活体验的调研方法。他们发现，在一天内的各项活动中，人们对社交做出了仅次于亲密关系的正面评价。然而他们也发现，具体的互动对象会极大地影响人们对社交时间的正面或负面评价。与朋友、亲人及伴侣互动的体验要远远优于与同事、上司或客户及消费者的互动体验。因此，人们之所以不进行有益于个人职业发展的社交活动，第一个原因是他们并不觉得这些体验足够愉快。

此外，研究表明，人们把拓展职业人脉视为不太道德的活动，因为在某种程度上，建立这些关系是为了满足个人进步的需要。很多人似乎有一种观念，认为出于工具性动机与人交往是不恰当的。

人们如果认为自己做的事是不够道德的，就会产生一种“肮脏”的感觉，这不仅反映在直接表达的态度中，也反映在事后人们对清洁产品的不同偏好上。卡西亚罗（Casciaro）、吉诺（Gino）和柯查基（Kouchaki）三位研究者在一家法律公司开展了一项研究，他们发现，人们认为拓展职业人脉是肮脏的事情。然而，权力越大的人产生的这种感觉会越少，这可能是他们能获得更大权力的原因之一。无论人们的感觉如何，客观数据告诉我们，**建立人脉的活动与职业成功是相关的。**研究者开展了一系列实验，其结果指出了职业人脉拓展活动与肮脏感的关联。因此，人们没有尽可能多地拓展人脉的第二个原因是，他们认为这是利用他人来达到自身目的的不道德行为，所以即便从事相关活动能够推进事业的进展，但人们仍深受肮脏感的困扰。

还有一个原因是，人们觉得友谊和人际关系很重要，所以他们不愿意利用工作中的友谊来推进自己的事业或帮助自己解决工作中的问题。例如，一项研究关注了以找工作为目的建立人脉的行为，研究发现，其中“向别人寻求工作相关建议和帮助”的人“担心这种行为会损耗人际关系，或让自己看起来很糟糕”。如今，随着工作时间的增长，工作逐渐成了许多人生活的重心，大量重要的社会关系也自然地融入到了工作场所中。然而，对很多人来说，把职业发展掺杂在真情实感的友谊中是一件很为难的事情。

退一万步说，就算真的从事了拓展人脉的活动，人们多数时候也只把它当成硬性任务，而非视为应当发展的技能。奇普・康利（Chip Conley）是酒店企业家、作家，也是爱彼迎（Airbnb）的前任首席执行官。我在写罗斯・沃克的案例时采访了康利，对于把拓展人脉视为任务还是技能的问题，他发表了很有见地的评论：

> 要是把拓展人脉当作一项任务，相当于你把它做完，然后就将其丢到一边不管了。要是你觉得它反正只是垃圾，在做的时候你就根本不会去想，可以在什么地方改进，让自己做得更好。我觉得很多人都把拓展人脉当成任务，但罗斯・沃克就已经达到了把它当作技能的境界。而当你希望提升一项技能时，你肯定会更有策略、更重分析，以期做得更好。

人脉社交与事业发展成果

绝大多数人其实都知道，虽然出于工具性的目的拓展职业人脉是一件不舒服、不自然的事情，但它能带来更好的事业发展成果。拓展人脉的重要性得到了很多研究证据的支持。随着工作越来越具有社会性、互依性，知识与技能越来越受到重视，建立社会联系的能力与意愿也就显得越来越重要了。

- 一项长期田野研究跟踪了 112 名员工 3 年期的事业成功情况，发现“人脉社交是事业成功最稳健的预测指标”。
- 一项长期研究观察到，人脉社交对人们当前的工资以及工资的长期增长都有影响，同时也和事业满意度有关。有人研究了一家专业服务公司中的 510 名员工，发现人脉社交与人们角色内外的表现都成正向关联。
- 一项覆盖了不同岗位的 191 名员工的研究发现，在政治技巧的诸多维度中，拓展人脉的能力对事业发展成果的解释作用最强，而这些成果包含了薪酬水平、晋升状况以及事业与生活满意度等不同指标。

除了这些零散的研究证据，我在对相关文献进行系统回顾后同样发现，人脉社交对事业发展成果有着重要的影响。我在前文提到，佛罗里达州立大学教授杰拉德·费里斯围绕政治技巧开展了大量研究。其中一项研究发现，对事业发展成果，即工作生产力、事业成功、个人声誉、工作满意度等来说，在政治技巧的不同维度中，人脉社交的能力是最重要的。另外，一篇文献综述也总结道：“人脉社交能够增加个体显示度与权力，提升工作表现，使人具备更多获得战略性信息的组织渠道，促进事业成功。”

社会关系对完成一件事情和取得事业成功而言都是非常关键的。然而，许多人并不享受这一过程，认为策略性的社交活动令人不适。既然这种状况无法避免，那么人们就应该更有目的地安排投入的时间、选择交往的对象。

拓展人脉像是一种任务，给人肮脏的感觉，因此，大多数人并没有投入充足的时间与对自己职业发展有所助益的人建立社会关系。不过，如果选取恰当的视角、采用合适的方法，拓展人脉或者说结交不同的、有趣的人，也可以成为美妙的体验，甚至可以变成一项很好的事业。乔恩·利维（Jon Levy）就是一个绝佳的例子，他的经历充分展现了人脉社交的积极意义，也诠释了社交活动可以具备的品位、风格。

我会知道利维，是因为我当初在《纽约时报》的一篇文章中读到了此人在纽约的自家公寓里举办“影响者晚宴”的故事。他会从各行各业找来12 位左右的晚宴参与者，大家聚在一起，做一顿简单的晚饭，吃完后再一起收拾干净。该活动有个特殊的规则：在晚宴结束之前，谁也不许告诉别人自己是做什么的，大家只能猜测彼此的身份。利维表示，不让人们谈论自己的工作可以营造出新鲜感和神秘感，这样一来，大家不知道彼此地位的高低，便能收起傲慢，平等相待。

乔纳森·戴夫斯（Jonathan Daves）是洛杉矶风投机构 WRT 的总经理，在我的线上和面授课程中，他都跟我有过合作。戴夫斯认识利维，也参加过他的晚宴。他问我想不想认识利维——这是当然的。于是不久之后，我就来到了利维的哥哥位于旧金山的美丽公寓，在第一次晚宴之前，先跟利维交谈了一番。我们对社会科学以及世界运行的规律有着相同的兴趣。从对他的访谈以及我个人的观察来看，利维具有非常强烈的好奇心，所以他很容易找到和他人的共同兴趣点，跟别人建立连接。

利维聪慧过人，对社会科学很感兴趣，他刚刚出版了自己的第二本书《你被邀请了》(*You're Invited*)。聊到这里我们才发现，他的编辑也帮我出过书，我们的共同兴趣点又多了一个，而共同点对于关系的建立是很重要的。他的父母都是以色列人，虽然没有受过高等教育，但二人都天赋异禀：父亲是画家、雕塑家，而母亲则是作曲家、指挥家。

2002 年，利维完成了计算机科学、数学和经济学专业的学习，从纽约大学毕业。大学期间，利维就在一家直销公司工作，毕业后他留在了这家公司，运营一个办事处，成为全公司最成功的销售之一。利维还曾在纽约一家大型餐饮服务公司工作过，也曾在 Rodale Inc.[①] 从事过数字化战略制定工作。利维的工作做得不错，但都乏善可陈，用他的话来说，他可不会邀请自己这样的人来参加自己的影响者晚宴。

2008 年前后，利维参加了一场会议。主持人在会上提到，一生中，身边有着怎样的人对我们来说很重要。自此，利维下定决心要多花时间与“这个文化体系中最杰出的人交往”，因为他“想获得他们的知识，学习他们的习惯，提高自己的生活质量”。从那时起，利维走上了后来的这条发展道路。

利维描述了自己斟酌、确定目前这种晚宴形式的思考过程，这个过程同样也很有启发性，任何人若是希望让什么人进入自己的生活，都可以借鉴当中的原则。利维先是想到可以通过打电话认识和请教别人。但他马上就意识到，现如今大家已经对电话不胜其烦，要还是不认识的人打来的，就更不用说了。这些有巨大影响力的成功人士身后已经有太多的人在追随

① 该企业发行了《男士健康》《女士健康》《跑者世界》等知名杂志。——译者注

索取，所以利维觉得，自己“必须慷慨一些，不能成为又一个只想索取的人”。他得让这些人放下心防，真正与自己结交。

利维深知，当人们已经在某个人、某项活动上投入了精力，他们就倾向于认为这个人或活动值得自己付出相应的努力，也自然会对其更加上心。这种承诺升级（Escalating Commitment）以及付出努力会产生价值的现象，被称为“宜家效应”（IKEA Effect），该效应得名于宜家公司让消费者自己组装家具半成品的做法。有学者发现，当参与者自己完成了折纸、搭好了乐高积木套组，或是安装了宜家的纯黑储物盒，他们会珍视自己的劳动成果甚于专家的作品，而且希望别人也认同自己的想法。

此外，利维明白，自己举办的活动必须别出心裁，用新的体验激起人们探索和了解的愿望。他也知道，“如果你营造出一种名流云集的氛围，那么人们就是挤破头也要参与进来”，世界经济论坛的举办地达沃斯就是这样的一个例子。利维认为，惊叹是“人们最渴望的情绪或体验”之一。总而言之，他深知自己要做的事情应该足够慷慨、新奇，这需要精心策划，至少能时而激发出参与者惊叹的感觉。

“影响者晚宴”就这样诞生了，利维也自此开启了为公司提供活动策划服务的新事业。如今，利维手下有一整个研究团队专门负责追踪潜在的活动嘉宾，还有一个审查团队专门负责核验这些参与者的资质。2020 年之前，利维每月都要在三四座城市举办五场晚宴。2020 年年初以后，所有活动都转移到了线上，这一变化让利维得以进一步扩大活动规模而无须再将时间花费在路上。

最后，我们还能从乔恩·利维身上学到非常重要的一课。他告诉我们：

> 我们的影响力只是一种副产品，它的根源在于我们和什么人联系，这些人有多信任我们，以及社群的成员彼此共享的、处于同一社群的归属感。要营造这种归属感，你首先要具备成为社群一员的资格。社群内外应有清晰的界限，这一界限可以是共同的语言、共同的过去，也可以是拥有影响力的感觉……我认为具体方式的可延伸空间是很大的，只不过最初想到举办“影响者晚宴”时，我还没有意会到这些。

乔恩·利维、基思·法拉奇和罗斯·沃克都是很不同的人，不过他们有一个共同点：在构建自己身处的社会环境时，他们行动的目的性都远超常人。**他们这样的思虑周全并非可遇不可求，只要多加努力，学习一些相关社会科学知识，对自身经历多做思考，人人都可以用自己的方式构建一个充满愉悦而富有权力的社会。**

拓展人脉的四项基本原则

下面，我将给大家介绍四项基本原则，进一步阐释如何尽可能高效地拓展人脉。

寻求你的“弱连接”

20 世纪 70 年代初，社会经济学家马克·格兰诺维特（Mark Granovetter）发表了一项关于求职过程的研究。在考察了波士顿地区 282 名求职者的求职经历后，格兰诺维特发现，大多数工作都不是通过诸如投递岗位申请、回应招聘广告等正式渠道获得的，而是凭借各种社会关系提供的非正式信息取得的。这一研究带来了一个意外发现：**对找工作最有用的并不是与家人、朋友以及亲近的同事的强连接，而是与那些偶然认识的人的关系，或称“弱连接”。**

这一发现其实也符合我们基本的认知：强连接中的人们在很大程度上与彼此有很深的渊源，这意味着大家几乎共享所有信息、拥有共同的关系和视角。然而，弱连接中的人们则更有可能接触到不同的信息源和社会圈子，因而也更有可能为彼此提供非冗余的信息和关系。非冗余信息更加新颖，所以也具有更高的价值。研究也表明，弱连接与更高的创造力有关，原因同样在于，弱连接能让人接触到多样化的视角、想法以及信息来源。

弱连接怎么会有用呢？其实只要有一点关系，也比素不相识来得强，所以才会有“友情推介”这样的说法。人们更偏爱和自己相似的人，也更偏爱和自己隶属相同的圈子、可以并称“我们”的群体内成员。事实上，要从“他们”到“我们”，要营造共享社会身份的感觉，根本不需要多么深厚的社会关系。例如，在罗斯·沃克刚开始为自己的房地产基金筹款时，有两位重要的早期投资者都来自弱连接，其中一位是沃克很多年没有联络的大学室友。**很多时候就是这么随意，弱连接足以带来很高的可信度，决定交易是否成功。**

继格兰诺维特的研究之后，相关研究也考察了弱连接与情绪和心理幸福感的关联。一项覆盖了 242 名本科学生的研究发现，学生在班上与越多同学有互动，就越会感到快乐，越有归属感。后来，有研究专门观察了弱连接的部分，并纳入了社区中成年人的样本，也复现了上述结论：“与自身社交网络边缘的个体互动，可能有助于提升我们的社交和情绪幸福感。”

弱连接的重要性向我们传达的信息很直接：不要把太多时间花在太亲近的人身上，相反，你应该确保自己在众多不同的组织和行业中广泛结识不同的人。你永远也想象不到，什么时候在这些人当中，刚好有谁会掌握着对你的工作绩效或者事业前景至关重要的信息。

成为“经纪人”

20 世纪 70 年代，我在加州大学伯克利分校工作时认识了社会学家罗纳德·伯特（Ronald Burt），他如今在芝加哥大学任教。伯特最著名的研究成果当属对经纪行为收益的分析，用他的话来说，经纪活动的作用在于“为跨越结构洞（Structural Holes）[①] 架起了桥梁”。经纪人是做什么的？素未接触的各方人士可能通过彼此的结识和联系而获益，经纪人的作用就是帮他们建立这种联系：房产经纪人把房产的买卖双方联系起来；投资银行把想投资的人和需要资金的人联系起来；并购、收购银行则把企业卖家和感兴趣的买家联系起来；风投机构把掌握技术和商业计划的人跟掌握资金、能让项目落地的人联系起来；猎头把有空缺岗位的公司和符合要求的候选人联系起来。看到这些例子，你应该明白了。

个人或组织在帮助相关方相互联系、获得利益的同时，也能通过从事这种活动、提供这种服务获利。经纪人能促进社会资本的创造和累积，其原因很好理解：在通常情况下，正如伯特所说：“群体内的观点、行为总是比群体间更同质化，所以，连接了不同群体的人对不同的思考和行为模

---

① 结构洞是大量社会网络理论中的专有表达，指社会网络中，某个或某些个体与一部分个体存在直接联系，但与另一些个体没有直接关联，这种无直接关联或关系间断的现象就是结构洞。——译者注

式会更加熟悉。经纪活动跨越了群体间的结构洞，为人们提供了未曾留意的视野与选择，因而能创造社会资本。”

伯特在一家电子公司做了一项研究。他发现，诸如更高薪酬水平、正面绩效评估、晋升机会、拥有优质想法等结果，全都更有可能发生在社交网络跨越了结构洞的个体身上。对相关领域后续研究的综述也印证了这些发现。

我们可以从中得到的启示是：人脉网络的结构是很重要的。如果人们处在便于从事经纪活动、跨越结构洞的位置或工作中，能把不同单位、人群或组织联系在一起，使他们从多样化的想法、信息、机会与资源中获利，这些都有助于人们取得更好的事业发展，获得更好的工作绩效。

你可能会问，要是有人就是不愿意谋求这种有利的网络位置，或是出于某些原因没办法做到，他们有没有可能也得到好结果呢？虽然这个问题没有统一的答案，但就经纪活动而言，答案必然是否定的。伯特做过的一项研究指出，“经纪活动的收益高度集中于社交网络上的直接关系中”，而所谓二手经纪，也就是“在自己只有间接关系的人之间周转信息，几乎是没有价值的”。这就告诉我们：建立人脉的工作不能“转包”给别人。**要想从人脉关系及其网络结构中受益，你必须占据有利的位置，而且必须设法亲自占据它。**

成为网络的中心

齐亚・尤索夫（Zia Yusuf）是巴基斯坦裔美国人，在明尼苏达玛卡莱斯特学院完成本科学业后，他又在乔治城大学涉外事务专业和哈佛大学商学院取得了硕士学位。毕业后，他先在高盛工作，2000 年 1 月，他又进入了德国著名软件公司思爱普（SAP），担任该公司联合创始人及领导者哈索·普拉特纳（Hasso Plattner）的董事助理。尤索夫曾经执掌 SAP Markets，在其被关停后，他被公司新成立的内部战略咨询部门挖走，负责在组织外部发掘人才、拓展视野，维护思爱普与外部咨询机构的关系，为企业内部战略与分析工作赋能。

2008 年，思爱普公司决定提拔尤索夫，让他加入执行委员会。要知道，思爱普是一家传统的德国工程企业，而尤索夫是巴基斯坦人，他没有工程背景，也未曾从事与产品甚至销售相关的工作。那么，他成功的原因何在？

尤索夫天资过人，善于审时度势、与人相交。此外，他的权力还有另一个重要来源。作为战略部门的负责人，尤索夫在高管团队有极高的曝光度，他有机会参加执行层会议，汇报自己团队的分析结果。同时，他广泛联系公司不同的部门。在思爱普高层的沟通渠道结构中，尤索夫代表的战略部门处于绝对的中心位置，因为战略工作本质上就是要在公司上下获取和传达信息。这样一来，尤索夫掌握了无可比拟的信息优势。

最终，尤索夫没有接受这个晋升机会。他离开了思爱普，加入了一家专研泊车资源管理技术的创业公司任 CEO，后来又成了波士顿咨询的合伙人。要问尤索夫的成功秘诀，研究已经给出了答案。一项研究考察了网络中心性（Network Centrality）对技术创新与管理创新活动中个体权力发挥效果的影响。该研究发现，在排除了个人特质的作用后，网络中心性依然发挥了重要作用，而这一重要作用在个体行使权力管理相关创新活动时尤其凸出。还有研究发现，在工作场所中，人越是处于中心位置，就越有可能从事人际公民行为（Interpersonal Citizenship Behavior）[①]。一项元分析汇总了大量研究后得出的沟通网络结构的作用，同样证实了网络中心性对人们行为的影响。

网络中心性会影响显示度。大多数人认识和了解的都是处于中心位置的人，而这种显示度将会构成巨大的优势，让这些人成为信息、机会的枢纽。中心性还会影响信息渠道。前面提到的一项有关网络中心性的研究也指出，组织信息总是流经处于中心位置的人，因而这些人得以接触到更多信息，也能直接联络更多的人。我们可以从中得到启示：**在评估工作和岗位时，我们应该考虑这份工作、这个位置的网络中心性如何。如果其他条件相当，就选择更接近中心的工作。**

为别人创造价值

最后，你得确保自己能为别人创造价值。如若不然，别人凭什么与你联络呢？有时，大家把这称为“慷慨”，不过我想采用一种稍微不同的表述：设身处地为人着想，怀着同理心去理解他人的经历和难处，以便更有效地向他人提供帮助。帮助可以激活互惠规范，即让对方产生一种义务感，希望用某种方式回报恩惠；帮助亦可增强好感，让人们更紧密地联系在一起，因为大家总是更喜欢帮助自己的人。除此之外，通过社会关系为别人创造价值，还可以将人脉社交从人们眼中“肮脏”的、交易性质的活动转化为更加正面的事情，这对于建立人脉的行为者本人而言也是如此。

① 人际公民行为是基于社会网络视角所提出的组织公民行为特定的表现形式，指的是同事之间在非工作需要情况下的帮助行为，其结果直接或间接的提高了个人的工作成绩并最终促进团队或组织的运行。

这样一来，建立人脉就被赋予了更多服务的性质，更多地考虑了他人的利益。

相关内容有两个重要启示。首先，罗斯·沃克曾经在我的课上告诉大家，如果你希望从别人身上得到价值，就别让对方替你思考本该由你自己想好的东西。**你提出的请求、寻求的帮助越是具体，求助的理由越是确切、攸关，被求助的人就能越快明白应该怎么帮你，怎么替你联络可能有用的资源。**而你如果只是提出了很笼统的请求，比如让对方帮你考虑不同的职业选择，那么你得到的回复极有可能不太理想，因为这样的请求实在是太笼统、太缺乏目的性了。

其次，帮助他人实际上也会彰显自己的权力。帮助别人建立有用的联系，这说明你具备促成这些联系的能力，无形之中也显示了你的中心地位与价值。你帮别人建立的联系越多，别人越会觉得你八面玲珑（说白了就是有权力）。因此，帮助别人既能树立自己的声誉，又能给他人提供切实的价值，这无疑是一种双赢的结果。

人脉社交时间管理

拓展人脉要花费时间，而我们本来就还有许多事情要做，比如陪伴家人和朋友、做决策、完成技术性工作，等等。因此，我们应该尽可能提高建立社会关系的效率。

技术可以起到一定的辅助作用。比如，现在大家习惯用邮件和社交网站相互了解近况。这些方式或许比不上当面联系，不过依旧是保持联络的手段，总比完全没有好。你也可以利用各种关系管理软件来管理好你的关系，比如关注一下近期与谁有联系，又与谁逐渐生疏、关系亟需更新。**你一定要认识到，维持一段关系、特别是弱连接，其实并不需要多么密集或深入的联络。**通常，随意地互通近况、分享双方共同话题的有趣文章，或是表达自己牵挂着对方，已经足够了。例如，基思·法拉奇在他的高中室友每年生日时都会打一通电话问候，两人的联络得以保持至今。

泽维尔·科赫尔（Xavier Kochhar）在领英主页上自称“视频与数据大师”。他在美国电话电报公司（AT&T）和华纳传媒（Warner Media）都工作过，还在数字媒体领域创办了自己的企业。在整理罗斯·沃克的案例时，我也采访过他。当我表示自己的职责是要说服大家，即使不太情愿也一定要投入时间和精力做像沃克一样的事时，科赫尔发表了两则有关提高人脉社交效率的评论。

其一，他认为，人应该在建立新的社会关系和从已有关系中收获成果之间找到平衡：

> 无论多么擅长社交，人早晚都要面对一个艰难而重要的决定：究竟要怎么平衡人脉网络的持续增长和对现有关系的充分利用呢？大多数人不是擅长前者，就是擅长后者，甚至都不擅长。只有极少数人能够恰到好处地拿捏人脉拓展和人脉价值提取的尺度，而也正是这一小部分人能够迅速爬到顶峰、长居高位。

其二，科赫尔指出了沃克以及其他许多成功人士分配时间的特定模式，即他们把更多时间花在网络边缘而非中心、疏远而非亲近的人身上。他表示：

> 我把这叫作“社交获得悖论”……某人离中心越远，中心的人就越难为其服务。由于联络者希望把尚在远处的人吸纳到自己的周围，所以那些离联络者越近的人，得到的反而比远处的人少……你何必在已经非常紧密的关系中额外投资呢？

平衡网络增长与网络价值提取，以及在正在培养的人脉关系中投入更多时间，都是可取的时间管理方法。此外，你还可以像前面提到的那样运用各种技术，或者也可以雇专人来帮忙。

在本章的末尾，我为你准备了一个简单易行的练习。现在，仔细回顾一下自己是怎么运用时间的，你可以查查日历，或是问问别人，两种方式都用也可以。接着，回答下面几个问题：

- 你在建立社会关系、参与社会互动上投入了足够的时间吗？
- 你都在哪些人身上花时间呢？
- 你是否建立了经纪关系，也就是帮不同人彼此联络、让他们从中受益呢？
- 你有没有足够的时间联系具有较高地位的人呢？
- 你是否至少偶尔地把时间用在利于自己职业发展的方面呢？

发现社会资本的能力是可以通过学习形成的，而学会了这一点，就可以为你带来诸多事业发展上的优势。

权力实验　7 RULES OF POWER

在一项针对雷神公司（Raytheon）的内部研究中，罗纳德·伯特比较了三类人：一类人参加了人脉社交原则的训练项目，一类人没有参加，还有一类人被提名参加项目（即大家认为这些人具备一定能力和潜力）但尚未实际参加。

他发现，相比于没参加者，完成了训练项目的人“得到最高绩效评估等级的概率高 36% ～ 42%，获得晋升的概率高 43% ～ 72%……留在公司的概率则高 42% ～ 74%”。

和其他赢得权力的方法一样，拓展人脉的能力也是可以传授、可以习得的。掌握这个法则非常重要。

7 掌控你的权力 Rules of Power

1. 拓展人脉、建立社会关系能带来权力，助推事业的发展。

2. 当你无法避免策略性社交活动时，你应该更有目的地安排投入的时间、选择交往的对象。

3. 确保自己在不同组织和行业中广泛结交他人，他们当中也许刚好有谁掌握着对你的工作或事业至关重要的信息。

4. 要想从人脉关系及其网络结构中受益，你必须掌握有利的位置，而且必须设法亲自占据它。

5. 在评估工作和岗位时，你应该考虑这份工作、这个位置的网络中心性如何。如果其他条件相当，就选择更接近中心的工作。

6. 你提出的请求、寻求的帮助越是具体，求助的理由越是确切、攸关，被求助的人就能越快明白应该怎么帮你，怎么替你联络可能有用的资源。

7. 帮助别人建立有用的联系，这说明你具备促成这些联系的能力，无形之中也显示了你自己的中心地位与价值。

法则 6

运用你的权力:

不惜一切做成想做的事

权力会越用越少吗？

1963 年 11 月 22 日，约翰・肯尼迪遭到刺杀。当夜，时任副总统林登・约翰逊宣布接任总统一职，杰克・瓦伦蒂则被委任为白宫助理，并在此后的 38 年间执掌美国电影协会。瓦伦蒂称，在那个攸关的时刻，约翰逊当即决定大力运用自己的权力。

据瓦伦蒂回忆，在乘坐空军一号从达拉斯返回华盛顿的途中，约翰逊和另外 3 人聚坐在自己的卧舱，谈了六七个小时。其间，他勾勒了自己的“伟大社会”[①] 构想，谈到了医疗保险、启智计划、高速公路美化等问题，要发展教育、社会福利，要“向贫穷宣战”，等等。瓦伦蒂还记

① “伟大社会”是林登・约翰逊执政期间提出和实行的一系列国内政策及项目的统称，主要涉及社会民生、民族、国家等方面内容。——译者注

得约翰逊说：

> 现在权力在我的手里，而我势必要用它。我要通过尘封已久的《权利法案》。我要通过《教育法案》，让每个男孩女孩都有机会接受应得的教育……我还要通过杜鲁门的医保计划[①]……

约翰逊明白其中的道理。

- 新官上任，反对者还未能马上联合，因此，即位者便有时间趁着蜜月期“烧三把火”，只要烧出了成效、烧出了改变，便可巩固地位，将权力制度化。

- 敌人总是比朋友更“忠诚”，朋友会感激你一时的恩惠，敌人则怀着长久的怨怼。说得更实在些，这意味着一个人在位越久，就会积累越多敌人，让人越发感到“高处不胜寒”，也越难做成想做的事。

- 当今的组织越来越政治化，领导者在任的时间也越来越短。2019 年有篇文章指出：“2018 年，在世界最大的 2 500 家企业中，有 17.5% 的 CEO 离任，这个数据是毕马威自进行‘战略与 CEO 成功研究’以来统计的最高值。”2000 年时，CEO 的平均预期任期是 8 年；到了 2010 年，这一预期就缩短到了 5 年。大城市学区主管的平均任期只有 5.5 年。医院 CEO 的平

① 杜鲁门的医保计划，也即联邦医疗保险的前身，约翰逊在其基础上做了进一步的发展完善。——译者注

均任期也是 5 年左右。“2012 年以来，这些岗位的离职率都在 17% 以上，这种高离职率从未持续如此之久。” CEO 的情况如此，各种类型、规模的组织中的其他高层岗位也是一样。掌握实权的时间有限，因此，你必须尽快行动以实现目标。

- 权力并不是一种稀缺、有限的资源，它不会越用越少。相反，人越是用它完成各种各样的事情，比如构建周围的世界、改变与自己共事和为自己效力的人等，让一切都服务于自己，从而达成自己的目的，就越会拥有更大的权力。运用权力会释放出掌握权力的信号，而人们总是趋附权力，因此，你越是运用权力、彰显权势，盟友也就越多。

所以，权力的第六个法则指的正是：人应当运用自己的权力，有时超出别人对自身权力范畴的认知也无妨。有效地运用权力非但不会使它耗竭，相反还能巩固它。

快速行事

2011 年 1 月 3 日，阿米尔·丹·鲁宾（Amir Dan Rubin）成为斯坦福医院及诊所[①]的CEO。鲁宾过去担任加州大学洛杉矶分校医疗中心的首席运营官，因此，作为圈外人，他面临着所有外部继任者共同的挑战：获得认可，建立公信力。鲁宾上任之初，斯坦福医院及诊所处境尴尬，其评价在位列全美末位 5%，病患满意度只有 40 分左右。上一位 CEO 在长达

① 即如今的斯坦福医疗（Stanford Healthcare）。

8 年的任期中专注于解决严重的预算问题，在整个医院的员工队伍中绩效反响平平。

鲁宾迅速行动，在全医院上下推行了后来广为人知的斯坦福运作系统（Stanford Operating System），贯彻聚焦病患满意度提升的战略。在质量运动原则的指导下，鲁宾让各个部门制定了工作质量的衡量指标，以此逐项评估各部门绩效表现，并制成可视化的图表张贴在医院各处，包括他自己的办公室。

鲁宾明确表示，无论目前绩效如何，自己都希望在明年看到改善。他召开了多次大型会议，就招聘、改善新人入职流程、激励员工等内容对管理者展开培训。他没有放过运作体系中的任何一个环节，以便确保组织总是能采用和推广最佳实践。鲁宾坚持让领导团队的所有成员分成小组，每月两次在傍晚时分轮流到医院各处巡视，了解病患和员工，哪怕没有直面病患职责的金融、采购等部门领导也不例外。

鲁宾还切实解决了几乎所有组织都存在的诸多鸡毛蒜皮但异常恼人的问题。比如，他安排人修好了血管外科办公室渗水的屋顶，要知道，不出几年，新医院就会建好，现在花钱修缮这座即将废弃的建筑可以说是一种“浪费”。另外，他还引入了血管外科及其他科室迫切需要的代客泊车服务，从而改善了远道而来的病患的就医体验。彼时，新医院正在建设之中，病患原本需要在施工现场的一片混乱中来回穿梭，而免费的代客泊车服务为他们免去了额外的停车压力。

引入斯坦福运作系统后，整个医院的绩效显著提高了：财务方面，营业利润在 4 年间增长了约 3 倍，总营业收入提升了约 50%；临床方面，失误率和医院获得性感染率均大大降低；而在病患满意度方面，医院的排名迅速升至全国前 10%。在大刀阔斧的改革中，鲁宾更新了医院的管理团队，他组建了多个层级的新领导班子，包括高管在内，整个领导班子完成了一次大换血，无法支持新运作体系高效运行的人全都被新人代替。鲁宾还参加了大量会议和培训，向新团队灌输了自己的运作理念。除此之外，他还和理事会保持着良好的关系，这些行动为鲁宾在整个员工队伍中树立了极高的显示度，也铸就了他的权力。现如今，斯坦福医院及诊所被《美国新闻与世界报道》（*US News & World Report*）誉为加州最好的医院和全美最好的 15 所医院之一，无论是员工还是董事会成员都对此骄傲不已。

业绩及其背后一系列人事和运作方面的改变都提升了鲁宾的权力，也让他在全美范围内本就很高的知名度再上一个台阶。后来，鲁宾离开斯坦福医院及诊所后，加入了联合健康集团旗下奥图姆公司（Optum）的高管团队，一年半后又成了扩张迅猛的连锁基础护理诊所 One Medical 的 CEO。2021 年年初，One Medical 完成上市，如今市值已超 30 亿美元。通过鲁宾的案例，我希望阐明的是“圈外人”在建立权力时，尤其是在快速建立权力时应当遵循的原则。

这些原则不仅适用于私营机构，在其他领域也能发挥同样的作用。**在别人可能摧毁你的努力成果之前，率先运用权力、引起积极的改变，就能够吸引众人站在你这边，助你取得更大的成绩。**1995 年 11 月，鲁迪·克鲁（Rudy Crew）接任纽约市公立学校主管[①]一职，由当时的纽约市长鲁迪·朱利亚尼（Rudy Giuliani）直接管辖。此前，克鲁就职于华盛顿州

① 该职位的职责为总管纽约市所有的公立学校。——译者注

塔科马市学区，该学区学生的人数甚至不及纽约市教师人数的一半。自然地，当时人们都觉得克鲁不知纽约政坛的深浅，尽管克鲁本人是在纽约出生的。他在我的课堂上告诉学生们，沿用军队里的说法，在所有人都解除警戒时，或者说掉以轻心、低估自己时，他便展开了强有力的行动。有篇文章描述了克鲁的行动过程：

> 在履职的头一年半里，他一直韬光养晦，深入研究了整个教育系统，寻找当中脆弱的环节。从 1997 年秋季开始，他重拳出击，发动了一系列改革。他先是接管了一批长期表现低迷的学校，把它们归入所谓的“主管直辖区”……紧接着，他开始实施自己最为重视的扫盲运动。随后，他向每所学校发放预算使用报告书，为学生家长提供翔实的信息……与此同时，克鲁还向教育部提交了一份详细的预算报告，用此举向公众证明，纽约公立教育的中央总部不再如同外界所批评的那般，是一个吞噬资金的无底洞。再后来，克鲁揭晓了一项新计划，要大力完善纽约市的“拜占庭特殊教育项目”，宣称自己正在筹措资金、希望重振所有学校的艺术教育。到了 12 月，他宣布将在纽约市教育系统率先全面采用新的国家标准……最后，仿佛“致命一击”，纽约州议会通过了新的治理法规，纽约教育界过去 30 年延续的实践被扭转了，各个下级学区主管需要直接向市级主管汇报……一夜之间，克鲁成为纽约市二十几年里最具政治成就的学区主管，也成了全美最显赫的城市教育家。

发动迅猛变革、显著提升成效之所以能增进领导者的权力，是因为它为人们提供了支持掌权者的充分理由。通常，运用权力是很有必要的，因为组织总蕴含着不同程度和形式的惰性，想要带来改善，就必须调整现存的行事模式。而现存的人员和现行的模式过去往往又已投入颇多，所以，要想改变这些，离不开足够的权力。**成功运用权力引起改变会提升掌权者的权力，而未能及时运用甚至完全搁置权力则会让现状更难撼动，导致权力的降低。**也就是说，假使权力能得到有效运用，掌权者的实权也将随之大大增加。

引入同盟，排除异己

加里·洛夫曼（Gary Loveman）在进入哈拉斯娱乐担任 COO 时（后来他成了该公司的 CEO），曾调走了若干高层管理者，包括刚刚因卓越的绩效表现获得了主席奖的营销主管。与洛夫曼竞争 CEO 席位的主要对手、哈拉斯娱乐的首席财务官后来也离开了公司，到一家同行企业担任 CEO 了。在对凯撒宫等酒店完成收购后，洛夫曼对凯撒娱乐（原哈拉斯娱乐）拟定了大刀阔斧的变革计划。该计划最终能大获成功，离不开精细的分析工作以及一系列相关的新技能。洛夫曼直接引入了一批精通相关技术的人员，他表示，自己没有时间训练现有员工，使之具备新的分析能力。

在不同类型的组织中，当新领导上任时，类似的人员替换其实相当常见，因为领导者往往自带团队、帮助自己引领组织变革。阿米尔·丹·鲁宾进入斯坦福医疗后，短短数年，几乎所有高层管理者、部门主管和领导者，甚至往下三级的管理人员，全都更换一新。毕竟，在原本的队伍里，并非人人都愿意践行鲁宾新提出的更高的绩效标准，也有很多人不希望自己不尽人意的绩效展示在图表之中。后来，在 One Medical 时，鲁宾也雇来了自己曾经共事的人。同样，无论鲁迪·克鲁去什么地方，纽约或者迈阿密，他总是带着几个“自己人”，让他们充任要职、辅佐自己实施学校改革措施。1999 年，肯特·西里（Kent Thiry）赴任肾透析治疗机构 DaVita 的 CEO。彼时，他早已“联络好了从前在透析技术风投机构共事过的一干人马，也就是他信任、喜爱和尊敬的那些人”。他把哈兰·克利弗（Harlan Cleaver）请来当自己的首席技术官，让道格·弗莱克（Doug Vlechk）来主持组织变革与文化建设工作，让乔·梅洛（Joe Mello）担任首席运营官。

要增进绩效、引起改变，相关人士不仅要具备必须技能，也要与愿景协同。洛夫曼曾戏称，哈拉斯的前 CEO 只知道给昂贵的蟹腿和奢华的场景拍照。洛夫曼自己的经营战略与此截然不同，他将其描述为分析与识别高利润客户，并不同程度地培育忠诚顾客，向那些“让收银台忙不过来”、为企业带来最大经济价值的顾客提供最优质的服务。至于前任 CEO，他完全没有、也不大可能有这样的见地，想到用定量方法来完成新的任务。

如果一名外来者要建立一支同盟来帮助自己管理组织，那么，笼络到那些理解自己沟通和运营风格的人士总是行之有效的方法，这能让一切工作顺畅无阻。**相较之下，曾经与你共事的人抵制你的战略、阻挠你改善现状的意图或是破坏你努力成果的可能性更小。**此外，让所有人都保持在同一个频道上也很重要，甚至非常关键。

因此，人事变更对你的权力有两重好处：

- 组织人员将具备与目标一致的视野与能力，这将提高战略施行的效力，从而增进绩效、巩固你的权力。

- 你将拥有一众同盟，共同面对充满挑战、尔虞我诈的商业环境。

研究表明，领导者继任往往伴随着直系下级管理者的变更。在由外部人才继任的情形中，尤其是继任前该组织绩效较低时，现有团队管理者离职的现象会更加凸显。不只有政治领域的领导者会“自带”团队，在各类组织中，包括在商业世界里，这种情况也时常发生。这样一来，最关键的问题就在于：在美国各地，乃至其他国家，劳动法限制了领导者自由行事的范畴，如果没有充分理由，他们应该怎样开除不中意的下属呢？而且，就算抛开法律法规，人怎样才能既摆脱了对手和反对者，又显得不失善意、为社会观念所容呢？

我在前面其实已经提到了一种方法，那就是把员工离职描述为改善绩效举措的一部分，也即表达出在新的目标要求下，员工队伍需要具备新的技能，这往往也是事实，只是它恰好也是一种政治手段。另一种方法是把你的“麻烦”送到别的甚至更好的位置，这样一来，他们既不会再给组织添堵，还可能因为事业在新环境中迎来新发展而反过来感激你。我通常把这种方法叫作“策略性再就业”。下面这个例子虽然来自政治领域，但它对于这一主题的诠释再经典不过了。

曾任旧金山市长、加州众议院议长的威利·布朗是位手腕娴熟的政治家。1980 年，他在议长席位的激烈争夺中险胜，随后，他便借加州选区重新划分计划极大地让利民主党，让自己“最强劲的民主党对手从 1982 年的州议会之争中荣耀退场，转赴国会议席”：

> 许多人借机“逃往”国会，包括霍华德·伯曼（Howard Berman，布朗在 1980 年竞选中的首要对手），以及布朗的重要

> 竞争者梅尔·莱文（Mel Levine）和里奇·莱曼（Rich Lehman）等其他民主党对头，比如圣迭戈的瓦迪·戴德（Wadie Deddeh）就将州参议院的席位稳稳收入囊中……共和党人永远也不会明白，布朗究竟用了什么手段，既将威胁自己的民主党对手铲除，还能反过来借他们的手巩固自己的权力。

要实现策略性再就业，人们在行事时就得克服本能、克制对敌人或其他妨碍自己的人的憎恨与愤怒。冷静采取策略性行动的能力很重要，但也很稀缺，只为少数人所有。且看下面这个例子。

1991 年 5 月 22 日，神经外科教授弗朗西丝·康莉（Frances Conley）博士从斯坦福大学医学院辞职。康莉是首位获得斯坦福医院实习资格的女性，也是斯坦福所有医疗部门中的首位女教员。1982 年，她成了美国历史上第一位在医学院校任职的神经外科终身教授。多年以来，她面临过各种形式的骚扰，不过，这次辞职事件的导火索是院长大卫·科恩（David Korn）罔顾杰拉德·希尔弗伯格（Gerald Silverberg）的性别歧视行径，执意要任命他为系主任。

康莉的举动引起了各大主流报纸的关注，早间新闻也报道了此次事件发生后医学院学生强烈抗议的情形。许多女学生谴责了学院长期以来的性别歧视问题，不久后，康莉俨然成了舍身引起公众关注的英雄。就在那个夏天，同时拥有斯坦福大学商学院管理硕士学位的康莉撤回了自己的辞职申请，继续留在了教员队伍当中。在那之后，随着她的影响力日渐升高，她在改变学院对待女性学生、教员和其余员工的方式上的话语权也越来越大。

康莉的知名度、研究和临床技术以及她的管理才能[①]使她直到退休后多年依然持续收到演讲邀请，人们总是向她询问有关主席、院长等管理岗位的事宜。我在撰写这一案例时也访问了大卫·科恩。他承认，自己当时其实知道摆在面前的最好办法就是为康莉写一封不吝溢美之词的推荐信，让她离开斯坦福大学另谋高就。然而，他却无法忽视对康莉的反感，她总是妨碍自己，不服从、不按自己的意愿行事就是她的“原罪”。因此，在有人打电话来做背景调查时，他总是对康莉大加谩骂。这些举动使康莉留了下来，也因此让斯坦福大学的性别歧视问题受到了持续关注。随着一系列内外部调查的展开，科恩的院长生涯也画上了句号。

这个故事有力地说明，只要你有意锻炼自己，让自己的情绪趋于成熟，培养务实平静的心态，你就能有潜力运用这种策略性再就业手段。

显示权力与用权之意

本书有一个反复出现的主题，这个主题在下一章探讨权力本身如何为一切牟求权力的行为开脱时也会特别提到，那就是“人们总是趋附赢家、向往成功”。因此，领导者必须彰显长居其位的决心、展现不容转移的伟力，好让他人觉得自己足够强硬，会不惜一切地捍卫自己的地位、做成想做的事情。

说到这里，我想起马基雅维利在《君主论》中的一则著名论断，他提到，引起畏惧对显示权力有奇效：“受人畏惧比受人爱戴要安全得多，因

① 后来她成了斯坦福大学医学院教务委员会主席。

为爱要用义务的纽带来维系，而人却有劣根性，一旦有利可图，爱的纽带可以随时断裂，但对惩罚的畏惧则能以永不失效的威吓来保护你。”马基雅维利还指出，领导者的第一要务是坐稳自己的位置，因为一旦失去这个位置，他们也就不大可能有所作为了。

认知会转化为现实。当你在运用权力时不断传递出权力的信号，你的权力也将真正得到了巩固。

确立巩固权力的结构

当乔布斯最初被逼离开苹果公司时，硅谷的每一位创业者都得到了一个重要教训：无论自己多么成功，手中的权力可能都很脆弱。于是，为了消灭这种可能性，很多人采取了不同的方法来应对。

第一种巩固权力的方法是设置双重股权结构（Dual-class Voting Structures），让自己在诸如董事任免、收购等问题上享有超出持股比例的控制权。这种做法虽然违背了一股一票原则，为支持良性公司治理的人们所深恶痛绝，但却得到了广泛应用。例子有很多：

- Facebook 的马克·扎克伯格的每单位持股有十单位的投票权，这样一来，他一个人就拥有公司接近 60% 的投票权，具有不可动摇的地位。
- 在美国新闻集团，默多克家族拥有全部投票权。

- 谷歌发行了三类股票，保证创始人拥有大多数投票权。
- 快照（Snap）公司上市发行时，其公众股甚至完全没有投票权。

其他采用双重股权结构的企业还有高朋（Groupon）、星佳（Zynga）、阿里巴巴、萧氏通讯（Shaw Communications），以及 Uber——只要特拉维斯·卡兰尼克愿意，他完全可以留在 Uber 继续掌权。2017 年，有 19% 在美国上市的企业都至少设置了两种投票权不同的股票；而在 2005 年时，这一比例还只有 1%。众多企业之所以能轻易设立双重股权结构，将创始人的权力体制化，是因为当这些“热门”公司考虑公开发行时，它们总会最大限度地利用投资者迫切的参股意愿，极力促成有利于现任领导者的条款。

第二种巩固权力的方法是兼任 CEO 与董事会主席。虽然现在这种做法没有以前那么常见了，在 2007 年至 2008 年间，有 60% 的公司都存在这种领导者兼任的情况，但如今也依旧不少，截至 2018 年，这一比例仍有 45.6%。

第三种巩固权力的方法是杜绝继任者的出现。杰克·瓦伦蒂之所以能担任美国电影协会主席达 38 年之久，不仅因为他是这个行业的杰出代表，还因为他一直确保没有任何可能的继任者产生。美国音乐公司和环球影业的前总裁西德尼·希恩伯格（Sidney Sheinberg）曾说：

> 瓦伦蒂从不培养哪怕是理论上的继承人，就好像从来没有谁会让你觉得他能接替瓦伦蒂的位置……劳伦斯·莱文森（Lawrence Levinson）曾在派拉蒙影业从事政府关系相关工作，

他对瓦伦蒂这样评价："他跟着大师学习，仿照约翰逊这个榜样，从不允许哪个强大的二号人物出现。如果是我，我会对他说……你终生都会是总统。"

我曾经在一家便携式超声波仪器公司担任董事。我发现，每当董事会对哪位 CEO 之外的高管大加赞赏，此人很快就会因这样那样的理由离开公司。于是，我向董事会的一位同事建议，要留住人才，最好的办法可能是不要太过赞扬，让他们显得像 CEO 的接班人。清除潜在接替者的做法相当老套，但若要捍卫权力，这种策略通常很奏效。

第四种巩固权力的方法是占有多个权势范畴交叠的位置，这样一来，对手只有把你从所有位置上除掉才能彻底清除你的势力，而这就要困难多了。

总地来说，当你运用权力来展现用权的意愿、取得了成果并确立了将权力制度化的结构，你的权力就会步入自我增强的轨道。诚如本章所列的案例，运用权力的过程不会完全顺畅无阻，因此，领导者必须能容忍一定程度的社会抵制，这时候可以回想法则 1 的内容，不要太执着于获得别人的好感；除此之外，企图驱逐对手或是建立巩固权力的结构，都不免伴随着风险。然而，由于大多数人都厌恶冲突，一旦掌握主动权，你便会发现，自己能做到的事远远超乎想象。因为人们总不自觉地趋附权势，所以只要你建立了自己的权力，对手也会成为朋友，敌人也会放下仇恨，权力也自然坚固无比。

7 掌控你的权力 Rules of Power

1. 成功运用权力引起改变会提升掌权者的权力，如果你可以让权力得到有效运用，那么你的实权也将随之大大增加。

2. 组建你自己的团队，在进入新的组织时，用自带团队的方式帮助自己引领组织变革。因为曾经与你共事过的人抵制你的战略、阻挠你改善现状的意图或是破坏你努力成果的可能性更小。

3. 只要你有意锻炼自己，让自己的情绪趋于成熟，培养务实平静的心态，你就能够有潜力运用这种策略性再就业手段。

4. 当你在运用权力时彰显权力、不断传递出权力的信号，你的权力也将真正得到巩固。

7 RULES OF POWER

法则 7

成功就是一切的理由：

为何这是最重要的法则

成功招来嫉恨怎么办?

这个国家能如此富有、权力滔天的首要前提，是它拥有肆意犯罪而免受惩罚的能力。

——美国新闻调查网站 ProPublica 记者、普利策奖得主
杰西·艾辛格（Jesse Eisinger）的私人邮件

胜利者不仅书写历史，还改写历史。

——萨菲·巴赫尔，《相变》

人们总在担心遵循权力法则的后果

人们其实不应该太纠结于自己获取权力的途径，只要成功得到了它，几乎一切事情都会变得顺理成章。

学生们常说，我的权力课程像一个“强制程序”，逼着他们时不时突破自己的舒适区，踏上权力之路，或者至少暂时如此。请人来课堂上演讲甚至也能起到类似的效果。德博拉·刘就告诉我，在得知要来演讲后，她便更加野心勃勃地投入到想做的事情当中，好让自己到时有更多内容可说。

相关章节已经介绍了很多我在课堂上用到的自省练习方法。比如，我

会要求大家设计自己的品牌，简明有力地传达自己是谁、从何而来；我会让学生们确定自己需要联络的对象，制定建立关系的策略，而大家常常在课堂上就拓展了自己的人脉网；我会教人们学会更自在地打破规则，抛开妨碍自己的一切社会期许和自我描述；我还会鼓励大家对显示出权力的言谈举止勤加练习。这些练习的确能“强迫”人有策略地思考获得权力的途径。

授予人们切实提升自身权力的知识、信心，帮助他们启动“强制程序”，这是我教学当中的重中之重。**知识与信心可以转化为各种重要的行为，让人采取和改变相关行动，从而在权力之路畅通无阻。**光有这些还不够，激发切实行动非常重要，因为即便在绝大部分社会组织中，权力的重要性都不言而喻，可是人们在追求权力时依然无法摆脱矛盾的心理。

这种矛盾一部分来源于忧虑，既有对追求权力本身的忧虑，也有对相应手段的忧虑。比如，人们会担忧取得权力的过程是否合适：如果自己的行动冒犯了别人呢？如果自己挣断了礼数的纽带、触及了社会规范的底线呢？

人们还会担心权力的后果。要是随着权势渐长，越来越多手下败将变成敌人和对手怎么办？要是自己的成功招来不可避免的嫉恨怎么办？要是真的“枪打出头鸟”，像神话里的伊卡洛斯那样因为靠近太阳而自焚羽翼怎么办？

抛开忧虑不谈，许多人之所以对权力渴求不已，是因为权力本身是一种强大的动力。数十年来，研究已经发现，权力动机的强度预测了人们据有权位、展示威望的情况。此外，研究也表明，权力动机的强度并不存在可靠的性别差异。不过，并非所有人都深受权力的激励，总有人对权力避之不及，这可能是因为他们觉得权力代表着太强的野心，太鲜明的个人主义和自私行为，或是过度的马基雅维利主义。需要明确的是，要想成事，要想改变命运、改变组织、改变世界，权力与影响力不可或缺。然而，为了将内心对追求权力的抗拒合理化，人们找尽了理由，不是为获取权力的困难过程担忧，就是为这些行为可能导致的后果烦恼。

对于这些忧虑，我的看法是：人们应该淡化它们的重要性和相关性，因为权力本身就能解决很多问题，在获得权力之后，过去的手段几乎不值一提，这也是第七个法则的核心。况且，就算要“倒台”，你也得先“上台”，所以，这些问题大可等到你真的得到权力之后再考虑。

当然，位高权重者总是招人嫉恨，人会嫉妒成功者与身居高位者，却不可能妒忌身微力薄之人；然而，位高权重者又总是会让旁人更想接近、更想与之建立联系。权力会提升显示度，让人的一举一动都暴露在旁人的审视之下，越是引人注目，便可能招致越多批评；权力同时也让旁人更乐于忽视掌权者的过失，这也是本章的论点。

人的权力越大，别人就越是想来扳倒他，因为金字塔尖的地位之争势必比底端激烈。不过，权力同样能带来更多支持者，因为人总是被权力吸引，希望自己也能跻身有权有势的圈层。在获得权力的过程中，你还可能不得不打破某些规则，而规则一旦被打破，权力也就由此产生。

总之，牟求权力、掌握权力的确会引致一系列对掌权者不利的社会运动。然而，手握权势、占据支配地位的同时又会引发另一些巩固权力的社会过程。事实上，相关研究也将告诉你，根本无须太过担心获得权力的手段或者权力得而复失的问题。这是因为，优势一经确立，相应的组织及社会运动更可能去巩固它而非抹杀它。本章的标题包含了一则朴素的真理：无论你用什么手段谋得权力，权力与成功都会教人遗忘、教人原谅。

简而言之，第七个法则告诉我们，权力以及随之产生的威望几乎能为一切开脱。**你的任务就是得到权力，一旦得到了它，你便很可能一直拥有它。**我希望这一章能让你相信这一点。

优势的积累让权力经久不衰

许多人总是希望以稳态的眼光看待组织。人们觉得，组织和社会过程会像恒温器时刻控制室温那样，维持平衡、纠正不公、确保高水平的绩效。这样一来，要是你爬得太高、升得太快，就会摔得很惨。正因如此，日本才会有“出头的钉子被锤砸”这则谚语，澳大利亚才会有“高大罂粟花综合症”的说法，即谦逊方为美德，罂粟花若长得太高，人们就要把它铲去，让整体高度保持一致。在稳态观点中，违背社会规范会受到惩戒，规范与秩序便得以维持。同样地，触犯法律、破坏规则会遭到惩处，法律与规则便始终不可侵犯，集体的福祉也就得到保障。表现不佳、误用资源同样会招来惩罚，因为社会集体唯有贯彻规则才能确保生存。以稳态来匡扶正义与秩序，以惩罚过失维系社会规范，对低下的绩效加以惩戒，这些过程都可以促进社会系统的正常运行。

这些想法本身很好，有些时候也的确是事实。然而，在更多时候，组织与社会过程会强化既存优势、巩固权力与地位，而非制衡各方、削弱强权。在这个意义上，组织行为和“马太效应”大体是一致的。有这样一句名言："凡有的，还要加倍给他叫他多余；没有的，连他所有的也要夺过来。"首次研究马太效应的学者是罗伯特·莫顿（Robert Merton），他用这个术语来描述科学领域奖励拥有高地位、高认可度的学者的偏向。莫顿发现，学界声誉的给予在某种意义上很不公平，哪怕大家在研究中做出了同样的贡献，那些已经声名显赫的学者从成果中收获的声誉往往更高。

马太效应本质上概括了优势的累积过程。"在科学领域，最初在学术训练、结构性地位、可用资源方面的比较优势会随着边际优势的不断累积逐渐增强，于是，在拥有优势的学者与没有优势的学者之间，鸿沟不断扩大。"标志社会地位的因素（如性别）亦会影响发表作品为不同作者带来声誉的多寡。例如，尽管在某些多样性更高的领域或学科中情况要好些，但总体上，女性发表的成果被引频率更低。地位更高的共同作者会从发表成果中获得更多声誉，而这也意味着他们每次参与合作研究都会比别人更受认可、声誉优势的积累也会越来越快。有篇文章综述了大量实证数据，发现优势累积，或者说"成功孕育成功"的过程其实非常普遍，并不限于学术领域。比如，在社会网络中存在着一种优先连接（Preferential Attachment），意思是"本身具有更多连接的节点，未来也必将形成更多连接"。

优势的累积源于多股社会性力量的共同作用。**人越是有权、越是成功，就越能吸引共事的人才，而引来越多人才也就越能继续成功；同样，人越有权、越成功，别人也就越愿意在其身上投资或是与之共同投资。**这种吸引资源的优势有助于提升未来取得成功和优异绩效的可能性。此外，证实偏差也即对印证既有观念的认知偏好，意味着你越是成功，无论未来的客观情况如何，别人依然越倾向于认为你很成功。研究表明，人们更加关注印证原有观念的信息，更容易记住符合现有认知的内容，还会选择性地遗忘那些不一致的信息。因此，注意和记忆的认知过程以及对一致观念的偏好也会不断强化最初的优势。

优势的累积效应能解释权力经久不衰的原因，但只能解释一部分。为什么通常情况下，权力一经建立，后续一切失败的结果、无能的迹象以及不道德行为等就再也不能让它动摇呢？要解释第七个法则适用于广泛情境的原因，要充分理解致使权力长久存续的心理学过程，我们还需进一步深究权力为各种不当行为开脱的机制。

权力与地位的代价

虽然权力通常会自我延续，但在继续讨论这部分之前，我想先说明一点：权力并非绝对能为不当行为开脱，相关证据其实是存在矛盾的。下面的几个例子就说明了权力会加重对掌权者的惩罚、让掌权者轰然倒台的作用机制。

北卡罗来纳州立大学教授艾莉森·弗拉格尔（Alison Fragale）和她的同事提出，人们会认为更有权力的行为者具备更高的行为能动性与目的性。研究人员发现：

- 权力让人更能按自己的意愿行事，使人拥有更正面的形象，也拥有更大的力量来促成目标，所以有权之人得为自己的不端负责；人们感知的行为能动性越高，对行为者的惩罚就越重。

- 人们觉得地位更高、权力更大的个体更看重自己的利益，更追求

> 个人的幸福，于是更难对他们的行为动机做出亲社会的归因，这也会加剧掌权者受到的惩罚。

在两项情景研究中，弗拉格尔和同事们确实发现，犯错者的地位越高，观察者希望给予对方的惩罚则越重。

现有研究并未就社会地位与惩罚程度的关系给出清晰的结论。有的研究发现，高地位犯错者享有更多自由、获得的评价相对正面，但也有研究发现，低地位犯错者会引起更多同情，会因自己权力低微而拥有某种“特权”。

尽管权力伴随着更高的显示度、更高的能力与能动性，但我的看法是，通常情况下，权力依旧能让人免于因为自己的作为受到过重的惩罚，下面我会先引述几个已被充分探讨的原因，然后再做一些自己的补充。

我认为，权力、金钱能让人不至于招致严重惩罚，一部分原因在于，权力与金钱正是人们想趋近的东西，因而对于权钱拥有者的不当行为，人们也乐于原谅或不再紧盯。既然做出了这种论断，我也有义务把相关证据罗列一二，佐证权力的豁免作用。虽然我并不了解所有掌握权力的作恶者面临的（或是免于面临的）后果，但他们逃脱惩罚，尤其是社会惩罚的例子依然不胜枚举。

让我们从普利策奖得主杰西·艾辛格的书《胆小鬼俱乐部》（*The Chickenshit Club*）开始，看一看社会的巨变为何让检察官在白领罪犯面前畏缩不前，不能也不敢追究；为何 2008 年金融危机期间针对相关犯罪行为的严重指控消失不见。艾辛格的观点直截了当：眼下的检察官不日也要站上被告席，所以他们早就对本应与之对抗的个体产生了某种社会认同。有篇书评写道：

> 如今越来越常见的情况是，检察官与辩方律师不过是事业发展处于不同阶段的同一类人。开展调查、裁决罪犯不单是一件有风险的事情，它可能会扼杀未来成为顶尖法务公司合伙人的机会。更重要的是，它会引起一种“社会不适”，当那些温文尔雅、成就非凡的人坐上司法部门的被告席，这种感觉就尤其强烈。没人愿意做阶层的叛徒，更何况，这个阶级的成员本就如此之好。

检察与辩护场景之外的情形依然如此。有权之人往往都出入相似的社交圈、慈善圈；他们都参加同样的会议、出席同样的活动，与同样有权之人同行交游；他们还可能在同样的组织一起担任董事。这些直接或间接的社会关系不仅会缓和他们对其他相似之人所作所为的愤怒，也会大大降低他们惩罚对方的意愿。

下面这件事就是一个典型的例子：那时，我和斯坦福大学某位负责筹资的同事一起，坐在一间位于比弗利山庄中心地带的非常不错的办公室里。他建议我先做点功课，了解一下我们即将拜访的人，为接下来的会面做好心理准备。于是，我就上网了解了这位加里·温尼克（Gary Winnick）。他先是在德崇证券跟着迈克尔·米尔肯（Michael Milken）售卖垃圾债券，1997 年又创立了环球电讯（Global Crossing），拉到了 200 亿美元的投资后，在全球各地铺设光缆。2002 年，环球电讯宣告破产。公司没落之际，温尼克卖掉了价值 7.38 亿美元的股票。随后，环球电讯的高管和董事被公司的股东和员工控告从事证券欺诈，须赔偿 3.24

亿美元，温尼克自愿交出了 5 500 万美元；美国劳工部要求公司拿出 7 900 万美元的清算资金安抚因公司破产失去了养老金的雇员，温尼克也交出了 2 500 万美元。最终，温尼克没有受到美国证监会的刑事指控和惩罚，也没有受到任何民事法律惩罚。

要是计算一下，你就会发现，加里·温尼克卷走了一大笔钱——7.38 亿美元减去温尼克拿出的 8 000 万美元后，还有 6.58 亿美元。此外，他还拥有洛杉矶最大的房产之一，是诸多慈善机构极其慷慨的捐赠人。在环球电讯倾覆以后，温尼克的本科母校纽约长岛大学为他授予了荣誉博士学位，不知是不是因为看重他过去和将来的大笔捐款。

和很多人的办公室一样，温尼克的办公室也挂满了自己和名人的合影，有和美国总统（两个党派都有）的、国会议员的，有和各国政要的，还有和许多社会名流的，很多都是在环球电讯倒闭以后拍摄的。温尼克过着一种充满权力、享受特权、门路丰富、拥有众多强大社会关系的生活。

有一天，我在电视上收看奥克兰运动家队①的比赛。坐在直播间的嘉宾不是别人，正是迈克尔·米尔肯。没错，正是温尼克在德崇证券时跟着的那个迈克尔·米尔肯。现场解说员把他介绍为慈善家。这当然也是事实。作为前列腺癌幸存者，他一直资助医学研究。他还创立了智库“米尔肯研究所”，也牵头了若干其他慈善事业。不过，米尔肯最著名的事迹，还要属他在德崇证券时发明了“垃圾债”，这让许多人赚得盆满钵满，相当一部分至今还活跃在华尔街。1990 年 4 月，“经历了四年的调查、起诉”，

① 美国职业棒球大联盟队伍之一。

米尔肯终于“承认了6项技术性违法[①]的犯罪指控，而最初针对他的指控足有98项之多……他同意支付6亿美元的罚款”，随后在一间低度设防监狱[②]服刑22个月。此外，他还向因德崇证券清算而蒙受损失的私人投资者赔付了5 000万美元。2017年有篇文章对米尔肯做了人物报道，称他是“华尔街最受崇敬的人物之一”，我觉得这是非常准确的描述。

亿万富翁玛莎·斯图尔特是定义生活方式的鼻祖，她在2004年曾因妨害司法公正、做出虚假陈述以及在一项内部交易案件中蒙骗调查员等指控服刑了5个月。可是，虽然留下了犯罪记录，斯图尔特的个人品牌却蒸蒸日上。在判决之后，她的时尚建议和生活方式指南市场依旧火热，梅西和彭尼两家连锁百货公司都自以为拿到了斯图尔特的独家代言，用她的品牌和形象销售床单、浴巾和厨房用品。

臭名昭著的性侵犯杰弗瑞·爱泼斯坦（Jeffrey Epstein）最终被二次调查，被捕后在纽约的牢房自杀。然而，在此之前，他活跃于佛罗里达和纽约的上流社会，甚至认识英国皇室成员。一份文件指出：“2010年，在离开佛罗里达监狱一年后，爱泼斯坦在曼哈顿的豪宅里设宴款待了凯蒂·柯丽克（Katie Couric）和乔治·斯特凡诺普洛斯（George Stephanopoulos），还有一名英国皇室成员。次年，有人拍到他出席了一场‘亿万富豪晚宴’，和杰夫·贝佐斯、埃隆·马斯克这些科技巨头坐在

① 技术性违法通常指违反了相关法律但没有对理论上的受害一方造成实际或不可挽回的侵害的违法行为。在金融、证券行业，技术性违法在实际司法过程中有很强的模糊性，也即这种定性的使用范畴没有清晰的规定，很大程度上取决于执法者对具体情形的看法，常有“文章”可做。——译者注

② 有时也称“开放监狱”，即在保证控制犯人的前提下，尽可能不限制犯人的活动范围和行为，如北欧的大多数监狱。——译者注

一起。”揭露了爱泼斯坦的整个故事、最终将其扳倒的人是《迈阿密先驱报》（*Miami Herald*）记者朱莉·K. 布朗（Julie K. Brown），她后来将此事写成了书，有篇书评是这样说的：“他死在了曼哈顿的监牢，可仅仅在不到一年以前，这位以金融家自居的人物还跟世界上许多最富有、聪明和有权有势的人常来常往。”的确，在第一次监禁之后，爱泼斯坦还曾被莱昂·布莱克（Leon Black）以高薪聘请，为私人资产与投资管理公司阿波罗（Apollo）提供高价值服务。

我描述的这种现象并非男性的专属，它也能在女性身上观察到。比如，我有位女性朋友是人力资源高管，她有时也会到我的课上和大家交流。有一次，在我们共进晚餐时，她告诉我，自己最近在硅谷参加了一场社会活动，遇到了一位极具魅力、优雅迷人、有权有势的年轻女人，还问我想不想认识她。她是谁呢？原来是伊丽莎白·霍姆斯。显然，在特拉诺斯告吹之后，她又开始为自己的下一个项目积极筹资了。特拉诺斯的倒闭给她留下了大量记录，引发了铺天盖地的报道，还带来一场正在进行的审判；可尽管如此，她在权力的社会圈子里依然很受欢迎，这无疑也为自己的下一次行动筹到了一部分资金。

看到伊丽莎白·霍姆斯这么快就又能游走于权力的圈子、争取到新的投资，我其实并不觉得意外。在硅谷，这样的故事比比皆是，行事不端之人很快就得到原谅，马上又能取得更多资助、开启新的项目。帕克·康拉德（Parker Conrad）曾是人力资源管理增值软件 Zenefits 的创始人兼 CEO。2016 年 2 月，该公司被控故意虚增销售预测额，还被指罔顾法律、没能为员工取得保险经纪执照，康拉德因此被迫辞职。然而，2017 年，康拉德又办起了一家员工管理软件创业公司 Rippling。截至 2020 年 8 月，Rippling 共筹资 1.45 亿美元，估值高达 13.5 亿美元。虽然康拉德身上存在着一系列法律和道德争议，但他的新公司自创立起就从未在吸引投资方面遇到困难。

另一个例子是私人金融服务公司社会金融（Social Finance）的麦克·卡格尼（Mike Cagney），董事会发现他与一位下属存在不当关系，遂将其逐出首席执行团队，尽管事后他表示自己并没有跟员工发展婚外情。然而不出数月，卡格尼便启动了索菲技术（Sofi），两位在原来的公司担任过董事的风险投资人非常了解他的动向，给他的新公司投资了 1 700 万美元；卡格尼又从其他投资者身上为自己的创业公司争取了 4 100 万美元的投资。

Uber 创始人特拉维斯·卡兰尼克说过，“谎言、监视、贿赂、威胁记者和竞争者，这些都是诡计，但这些诡计发挥了作用……只要公司的估值涨势不减，再严格的董事也会忽略执掌公司之人的不端行为。”

需要明确的是，我绝对不是在建议你去犯罪、去掠夺性资源、去趁着公司破产大捞一笔，也不是让你违反法律法规，或是夸大自己公司的盈利能力和产品功能。但是，你必须从中领会到一个极其重要的道理，你自己，或是上述故事乃至无数类似的故事中的很多人，都应该好好学习：倘若你成功、富有、有权有势，也有一批类似的朋友、有一个强大的社会网络，那么，无论你做了什么，这些成就与社会关系都将很有可能（注意我说的是可能而非绝对）让你免于落魄。说得更直白些，只要你能站上顶峰，无论你是用什么方法爬上去的，人们都可能会遗忘，都可能会原谅。

也许正是因为权力能帮助人规避行为的大部分后果，拥有权力的人才敢行为不端。有社会心理学同行论述过，权力让人不再压抑自己的行为，算是佐证了“权力注定腐败”这句老话。权力使人更看重回报，关注所得而忽视损失，让人对预期更加乐观，进而从事风险更高的行为。因此，权力似能赋予人更多行动的自由，使人不再过多考虑可能给旁人带来的影响，而是全力追求自己的目标。

也就是说，本章对肆无忌惮甚至违背规范的行为在掌权者身上更常见的现象提出了另一种可能的解释。权力之所以会助长这些行为，是因为它能使行为者免遭最严重的后果，比不那么有权有钱的人更容易逃脱罪责。而倘若权力真能豁免不良行为带来的后果，掌权者会自认为应当享有更大的自由也就不足为奇了。

我能预见读者会怎么想——这些人最终都得到了应有的下场。在我写这本书时，伊丽莎白·霍姆斯因四起远程欺诈案面临着裁决，帕克·康拉德被 Zenefits 开除，杰弗瑞·爱泼斯坦已在牢房里自尽，哈维·温斯坦（Harvey Weinstein）纵使在好莱坞手眼通天也还是被判处了强奸罪，而伍迪·艾伦（Woody Allen）的电影项目在强奸儿童的指控之后彻底停摆，后续的项目资源也大不如前。

这些人不得善终，是因为有难能可贵的不懈努力在背后推动。比如，爱泼斯坦之所以会倒台，很大一部分原因在于当地有记者不断追寻事件的始末，誓要揭露这位已经有定论的罪人竟能与富豪名流暗通款曲，继续逍遥法外过着掠夺式生活的真相。可是，随着媒体生态系统的不断固化，这样的媒体人只会越来越少，而且，即便朱莉·K·布朗的工作受到了《迈阿密先驱报》的大力支持，她在调查中依然遭受了无数阻力。没错，或许像《纽约时报》记者乔迪·坎特（Jodi Kantor）这样的人会下定决心深究掌权者的犯罪行为，会和同事梅根·图伊（Megan Twohey）深入调查哈维·温斯坦的案子并写出赢得普利策奖的畅销作品，把温斯坦送进监狱，葬送他的电影公司。可是，我们也应该注意到，这些垮台的人往往罪孽深重、横行已久，只是因为有人不肯轻纵这些作为，恰好又有能力将之公诸社会，此等好运才宣告结束。在多数情况下，对多数人而言，调查不会深入，而权柄则得以保留。

人们通常觉得，自己可以直接通过思考来形成对现实的准确印象，可惜这种想法经不起仔细推敲。动机型认知描述了个体的目标和需要将其思考过程引向期望结果的现象，这是一种无所不在、无孔不入的自动化过程。人只看见想看见的，只相信愿意相信的。动机型认知起到了为掌权者维持权力的作用。

所谓的“一致性认知范式”有一条核心假设：“人对认知一致性的需要根深蒂固，需要得不到满足则会引起痛苦。”认知一致性假定不仅见于心理学领域，也广泛存在于神经科学、经济学、社会学及政治学中。近来有人对追求一致性的需要或本能假说提出了批评，认为对于这些作用表现，人类接收非一致信息、更新认知观念的过程是比基本动机更恰当的解释。不过，就我们的目的而言，这种区别并不重要，因为无论哪种理论说法正确，现实规律都是一样的，即认知倾向于保持一致。

这种一致性效应影响权力、维持权力的道理很直接。“某人有权、有钱、成功”的认知会让人随之对其产生新的认识，诸如认为此人有道德、有能力、有智慧、努力等，因此总体上会愿意与此人建立联系。很重要的一点是，对后面这些特质的归因相对而言是更加灵活的，所以权力、财富、成功等因素实际上具有更强的锚定作用。比如，杰夫·贝佐斯无疑是世界上最富有的人物之一，如果人们要维持认知的一致性，相信他具有与自身成就相匹的正面特质显然要比否定他的财富或权力来得容易。

这启示我们：财富、名声、地位或权力虽然概念有别，但往往相伴相随、不可区分；而人一旦拥有这些，旁人就会在一致性倾向的驱使下自动循环和不断强化对其权力、能力、才智等的认知。

再来举一个观念的一致性发挥作用的例子。加州大学伯克利分校哈斯商学院教授巴里・斯托（Barry Staw）探讨了个人、团队及组织中的不同因素与各类绩效之间的关联。斯托认为，学者以及其他很多人认为是这些因素预测了绩效，但事实很可能是人们知道了绩效结果以后才对团队和组织的特质做出了相应归因。实验结果也验证了这一观点。他写道：

> 我们假设，员工关于绩效的看法与学者如出一辙，他们会凭着绩效这条线索，对自己、所在团队和组织的各类特质做出归因。由于这一归因假设的存在，所有自我汇报的组织特质数据反映出的可能并非绩效的决定因素，而是它的结果。

斯托的观点不只对组织绩效问题、自我汇报方法或截面数据研究有借鉴意义，它同样解释了人们根据对他人的观察做出一致推断的现象。具体到权力的语境中，这些推断几乎必然会强化人们的认知，让掌权者更加当之无愧地稳居权力的宝座。

大多数人都乐于相信天网恢恢、恶有恶报。社会心理学家梅尔文・勒纳（Melvin Lerner）在提出所谓“公正世界假设”时指出，这种观念能给予人可预测感和控制感。人执迷于确定性，享受能对环境施加影响的感觉，而相信世界公正恰恰意味着人会认为：循规蹈矩可以竿头直上，违规违法则要吃到苦头。

然而，也可能存在一种相反的逻辑。如果人经历的一切都是理所应当的，那么遭受挫折和反对的人必定是咎由自取，这其实会演变为受害者有罪论；反过来，混得风生水起的人也应该配得上这样的好运。即使考虑的是完全随机的后果，人们同样会以这种思路对他人的好运或厄运做出正当化的解释。

公正世界假设是认知一致性的另一种表现形式，它会促使人们将正面的行为和特质一并归于掌握权力和财富的人。一旦人与这些积极特质联系在一起，其他人也将自然地与之接近、提供帮助、极力赞扬，让权力和地位延续下去。

有三位营销学者想弄清这样一个问题：消费者为什么可以继续支持存在不道德行为的公众人物或者公司及品牌呢？在这些情形中，消费者身上存在一种不一致性问题。一方面，他们对这些公众人物和企业可能有着长期的偏好、与之存在深层的关联；另一方面，大多数人又觉得自己是很有道德的。那么难题来了，个体应该怎样消除由保持自身道德与支持犯错者之间的不一致性带来的紧张感呢？

一种办法是道德合理化（Moral Rationalizing）。已故的社会心理学家阿尔伯特·班杜拉（Albert Bandura）与他的同事曾提出，道德合理化指人们重新定义和构建其他社会行为者非道德行为的策略，包括“重新定义有害行为、最小化肇事者在伤害中的作用、最小化或扭曲肇事者带来的后果，以及去人格化或责怪受害者”。**也就是说，人们通过道德合理化重新定义不当行为，使之显得不那么恶劣或者不是行为者的过错，从而心安**

理得地保持与对方的关联。

另一种办法是“道德脱钩”（Moral Decoupling）。即观察者承认自己喜爱、关联的对象从事了不当行为，但同时又认为不道德行为与自己的喜爱无关，以此合理化继续与之保持关联的行为。道德脱钩反映了“一种心理分离过程，即消费者以及其他人选择性地将道德判断独立于绩效评估”。比如，高尔夫球手泰格·伍兹（Tiger Woods）的婚外恋行为与他的高尔夫技术无关，克林顿与莱文斯基的桃色事件与他统管全美经济的能力无关，众多公司高管在两性问题上的错误并不会影响他们制定战略、运营企业的技能，等等。由于人可以既承认他人的不端行为，又坚持这与自己继续支持犯错者的绩效方面的理由无关，道德脱钩是一种更容易实现的认知过程：

> 我们发现，比起道德合理化，道德脱钩更容易正当化不道德行为，给人的感觉也更好。道德合理化要求宽恕不道德行为，而这可能威胁到消费者的道德自我形象（Moral Self-image）；道德脱钩则让消费者一面继续支持不道德行为者，一面又可以谴责对方的不道德行为。一旦将绩效与道德分开，人就可以毫无自责地支持不道德行为者。

根据我的观察，道德合理化与道德脱钩都常常发生，不过人们的确更常采取道德脱钩策略来使自己继续联络行为不端者的做法显得正当一些。这里最基本的观点是：如果出于自身的利益需要与有道德问题的掌权者保持紧密的联系，人们总能找到很多办法重估和重构自己的行为，使之保持道德的、正直的自我感觉。

人们会被权力与成功吸引

人们会被权力与成功吸引，极力接近掌握它们的人。因此，人与他人的关系及对他人的判断其实是能改变、会改变的，改变它们的正是结交权贵、趋近成功的渴望。这启示我们：某人一旦取得了权力、地位与金钱，旁人便会调整自己的观点和行为来与其保持一致，这忠于自己接近掌权者的意愿。下面是一些实例。

劳拉·埃瑟曼是加州大学旧金山分校的乳腺癌外科专家，她与人合作创立了一个旨在推动医疗变革、年预算高达 8 000 万美元的非营利性组织，还获得了不计其数的奖项。她也是我以前的学生，不过一开始，她并不愿意接受课上讲的很多原则。2003 年底，我写了一个关于她的案例，在旁听了对自己案例的讨论后，她当即开始调整做法、应用权力的法则。在写案例的过程中，我访谈的许多人都提到了埃瑟曼无穷的能量与魅力，但也提到她在与人互动过程中总是极化观点的分歧。加州大学旧金山分校一位资深肿瘤学教员过去就跟埃瑟曼不太对付，对她强烈的个人风格有些意见。在写案例的那段时间里，两人常常发生冲突。埃瑟曼自述：

> 她跟我很不一样。她每天都穿职业套装，非常有条理。她了解整个系统的运行规律，知道怎么向上爬……有一回，在我探出车门时，她看到我穿着紫色的大衣、带着紫色的帽子，大为震惊，说："天哪！埃瑟曼，你是从《绿野仙踪》里走出来的吗？"类似的表现总会让她受到巨大的惊吓。

尽管埃瑟曼和这位女士的关系一度非常紧张，但在 2015 年，它又"奇迹般地"改善了。埃瑟曼登上了《纽约时报》科学专版的封面故事后，这位女士给她发来了下面的邮件：

> 我好爱《纽约时报》的那篇文章，而且还听说了杰出人物奖的事。你简直太棒了！看到你为患乳腺癌的女性和加州大学旧金山分校做了这么多贡献，我真为你骄傲。你做成了很多我从未想过能够实现的事情。恭喜你！更精彩的还在后头呢！

有这样一句格言，“成功之母数之不尽，失败孤儿无人认领”，这句话可以相当准确地理解为：当你有权有势、非常成功时，朋友就会比自己知道的还要多；但要是一朝失势，他们马上就不认识你了。人人都想结交有权之人，所以要是你失去了权力，无论是以受驱逐、退休还是主动辞职的方式，希望与你亲近的人都将大大减少。

耶鲁大学教授杰弗瑞·索南菲尔德写了一本曾获过奖的书籍《英雄谢幕》（*The Hero's Farewell*），书中描述了不同的 CEO 在事业尾声时体面或不体面地交回权力的过程。他把公司领导者分成了四类：

- 拒绝自行退位的君主；
- 被迫离开并计划着卷土重来的将军；
- 优雅卸任的大使；
- 寻求全新挑战的总督。

这本 30 年前的书指出，管理者继任往往非常困难，因为 CEO 总是自诩为英雄，通常不愿意拱手交出“自己的”公司。如今，CEO 的薪酬大幅提高，其他的附带好处也不可同日而语，这种不愿意离开权力宝座的现象很可能变得更加常见了。

人们之所以要捍卫权力之位，如 CEO 一职，其中一种动机在于，他们知道一旦自己离开了现在的位置，别人与自己交往的动力将大不如前，如此一来，自己的地位甚至人格都会大受贬损。我有位朋友曾是一家大公司的 CEO，后来他去了另一家同样很大的企业做高管，但不再是一把手，现在他在运营着自己的创业公司。他给我发了这封邮件：“我希望你的感受不是这样，可是我的确发现，随着年事渐长，要维持友谊就越来越难。我很珍惜我们的友谊。”我相信，他面临的问题其实不太关乎年龄；这种状况，其实是从高地位或者说高权力转向不再拥有那么多正式权力和资源的位置的过程带给人际关系的后果。正是如此，在很多人眼里，迟暮的英雄是不值得相交的。

究竟是谁创立了 Twitter

有权之人通常掌握着资源，既包括财务资本，也包括社会资本——事实上，这些资本可能正是其权力的来源。他们会利用这些资源“创造”历史，对劣迹加以洗白，或是以利于自己的方式重新诠释。于是，掌权者开始书写自己的故事，一面大肆强调事业光鲜的部分，为自己打造良好的形象，一面又把不太光彩的内容全数忽略。要是再能把故事传扬出去，这一切就会成为他们的“官方”生平，进一步把权力延续下去。

正因为书写自己的故事对建立和维持权力如此重要，无数人都选择了这样做。表 7-1 简单罗列了一部分曾经通过书籍的出版来讲述自己故事的领导者。

表 7-1　商业自传作者（极其）不完全清单

作者	所属企业
杰克・韦尔奇	通用电气
李・艾柯卡	Chrysler
亨利・福特	福特汽车
阿尔弗雷德・斯隆（Alfred P. Sloan）	通用汽车
安迪・格鲁夫（Andrew Grove）	英特尔
马克・贝尼奥夫	销思福（Salesforce）
小托马斯・沃森（Thomas J. Watson Jr.）	IBM
迈克尔・戴尔（Michael Dell）	戴尔电脑
迈克尔・艾斯纳（Michael Eisner）	迪士尼
罗伯特・艾格（Robert Iger）	迪士尼
菲尔・奈特（Phil Knight）	耐克
玫琳凯・艾施（Mary Kay Ash）	玫琳凯化妆品公司
雷・克洛克（Ray Kroc）	麦当劳
戴维・帕卡德（David Packard）	惠普
卡莉・费奥莉娜	惠普
霍华德・舒尔茨（Howard Schultz）	星巴克
山姆・沃尔顿（Sam Walton）	沃尔玛
里德・霍夫曼（Reid Hoffman）	领英
金・斯科特（Kim Scott）	Dropbox
约翰・麦基（John Mackey）	Whole Foods
谢家华（Tony Hsieh）	Zappos
理查德・布兰森（Sir Richard Branson）	维珍集团

续表

作者	所属企业
萨提亚·纳德拉（Satya Nadella）	微软
迈克尔·布隆伯格（Michael Bloomberg）	彭博社
伊冯·乔伊纳德（Yvon Chouinard）	Patagonia
苏世民（Stephen Schwarzman）	黑石 / 佰仕通
彼得·蒂尔（Peter Thiel）	PayPal 等
戴维·诺瓦克（David Novak）	百胜餐饮
玛莎·斯图尔特	玛莎·斯图尔特生活多媒体公司（Martha Stewart Living Omnimedia）
贾森·弗里德	Basecamp
伯尼·马库斯	Home Depot
阿瑟·布兰克	Home Depot
肯·朗格尼（Ken Langone）	Home Depot
杨安泽（Andrew Yang）	Manhattan Prep
梅格·惠特曼	eBay

在前文中，我曾提到许多商业领袖和政治人物会通过写书来整饰自己的形象。从这份不完全清单，足见撰写商业自传是一件多么普遍的事情。

书写故事并不断讲述，直到它被当作真相是一种能力，这让人能够保有手中的权力。精心包装的企业创立神话往往抬高了某位企业家，却对其他同伴只字不提，但事实就是这样，风险投资人和其他投资者，甚至员工、顾客，全都热衷于这样的故事。只要故事“畅销”、动人心弦，只要包含了部分真相，听众便不会在意它是否绝对属实。他们只关心故事包含的愿景与精彩程度，关心它能不能吸引资金、顾客与员工，对事实则完全不感兴趣。因此，**率先讲出有说服力的故事就能书写事实，纵使这故事充**

斥着难以证实的内容，它依旧能巩固主人公的权力。

杰克·多尔西的例子就诠释了这一过程。科技记者尼克·比尔顿（Nick Bilton）描述得非常恰当，多尔西虽然参与了 Twitter 的创建，却未参与其创意的构想；在伊万·威廉姆斯（Evan Williams）创立 Twitter 的前身、播客网站 Odeo 时，多尔西也还没有出现。多尔西确实一度担任 Twitter 的 CEO，但他作为领导者并不算出色，后来被迫离开了公司。**之后发生的事情恰恰印证了本章的观点——成功或是成功的假象，便足以重建破碎的形象，让一切回到正轨：**

> 在权力被剥夺以后，多尔西在媒体上发起了大肆宣传，声称自己和威廉姆斯只是交换了职位[①]。他还讲出了一版更详细的 Twitter 初创故事。在许多访谈中，多尔西完全抹去了诺亚·格拉斯（Noah Glass，Twitter 的命名者）在公司筹创过程中的作用；他修改了 Twitter 上的个人主页，自称“Twitter 发明者”；不久，他连威廉姆斯和比兹·斯通（Biz Stone，Twitter 的联合创始人）也不提了。在某场活动中，他向芭芭拉·沃尔特斯（Barbara Walters）诉苦，说自己明明创立了 Twitter 公司却未得到应有的认可，后者随即在第二天的《观点》节目中提到了这一点。多尔西还向《洛杉矶时报》表示，“Twitter 是我毕生的心血”。多尔西的故事年复一年地流传着，他开始把自己塑造成像史蒂夫·乔布斯一样的形象，选择了一套固定的穿着——奢侈品牌的白色系扣衬衫，蓝色牛仔裤，外加一件黑色西装外套。在硅谷，大多数公司都有着自己的 Twitter 式故事：某个联合创始人、公司创意

① 即让威廉姆斯担任 CEO，自己担任董事长。——译者注

的提出者，通常被自己的朋友即另一个胃口更大的联合创始人挤出公司。正如 Twitter 的某位前员工所说："杰克·多尔西最伟大的产品，就是杰克·多尔西这个人。"

在故事的最后，编造的内容变成了现实，杰克·多尔西如今身价已逾数十亿美元。到了这时，可能除了少数记者和教授，不再有人会关心 Twitter 公司的真正起源，也无意深究杰克·多尔西捏造的故事。所以说，权力可以书写历史，并以此巩固自己建立的基石，使之不断延续下去。

我们活在一个物质世界里

流行音乐女皇麦当娜说得最好："我们活在一个物质世界里。"按照这种说法，麦当娜歌声的陪伴可以被买到，其他的一切几乎也都可以被买到。换句话说，也许我们不愿意这样想，但我们生活的绝大部分都是交易性质的。

权力总是伴随着财富，即便有时并非如此，权力依旧可以带来地位、名望，可以调动财务资源。要是把这些资源赠与地位崇高的公益组织，你就可以为自己"买来"社会地位与合法性。当这些合法的、地位崇大的组织以你命名，或者哪怕只是跟你的名字联系在一起，你就能得到别人的尊敬。因此，富人常常采取以自身名义捐赠的手段提升形象，以期他人忽视或遗忘自己的恶行。

《纽约客》有篇文章用比尔·考斯比（Bill Cosby）和哈维·温斯坦（Harvey Weinstein）的例子，指出有的人会利用慈善活动掩盖或弥补过去的不当行为：

> 一种观点认为，从事慈善事业就仿佛做出了忏悔。一个人意识到自己犯了错，就企图做出等量的善行来弥补，想左右业障的天平……于是我们就看到，设立了如今年度国际和平奖的，竟是以贩卖炸药及军火发迹的诺贝尔。还有许许多多的基金会，纪念的都是德行有亏或得财不义之人。

你还可以回想一下本章提到的其他利用慈善捐赠改善自身形象的人：

- 迈克尔・米尔肯至今已为医学研究、教育等慈善事业捐赠了 10 亿美元，2014 年，"乔治・华盛顿大学将其公共卫生学院更名为'米尔肯公共卫生研究院'"；

- 玛莎・斯图尔特"捐赠 500 万美元，在纽约西奈山医院设立了'玛莎・斯图尔特生命中心'"，满足长者医疗保健需求，因而获评 WebMD 2014 年度人民选择奖（People's Choice award）①；

- 2016 年，伊丽莎白・霍姆斯在帕洛阿尔托举办了募捐活动，为希拉里・克林顿筹集竞选资金；

- 温尼克夫妇是二人母校长岛大学和雪城大学（Syracuse University）的重要捐助人。他们还捐赠了诸多以自己命名的项

① WebMD 即美国互联网医疗健康信息服务平台，该奖项由网站用户投票选出。——译者注

目，如洛杉矶的温尼克儿童动物园、雪城大学的温尼克希尔勒之家、纽约现代艺术馆的温尼克会议室以及耶路撒冷西蒙·维森塔尔中心的温尼克国际会议中心。

人们都觉得，“胜利不是一切，它是唯一”这句话是绿湾包装工队（Green Bay Packers）的传奇教练文斯·隆巴尔迪（Vince Lombardi）说的，但它真正的出处可能是UCLA足球队教练亨利·“红”·桑德斯（Henry “Red” Sanders）。无论是隆巴尔迪、桑德斯还是后来哪个也说了这句话的人，他们都指出了一点，即胜利是很重要的。不过，他们没有告诉你，这句格言的含义说白了其实就是:“胜利”，或者说登上拥有巨大权力的位置，它之所以能成为“唯一”，是因为它带来的权力、地位和财富，会使其他的一切相形之下变得无关紧要。

这并不表示掌权者就永不倒台。不过，权力使他们拥有了诸多重要的机会，如与众多高地位的机构和组织保持联络，在更多更重要的场合有力地传播故事、为自己带来美名等。在一致性效应的作用下，旁人也会自行正当化、合理化他们的作为，为他们戴上荣誉的桂冠。如此，权力便得以自我延续。

并非只有自我延续和自我验证可以帮助我们理解获得权力中的一些现象，“自证预言”效应也能让我们看清一些事实。不过，对于意图扳倒掌权者以及希望自己建立权力的人，“权力为过错开脱”这一事实有着重要的启示性意义。简而言之，这一章提到的所有规律都表明，你若已经拥有权力，就很有可能继续拥有下去；至于旁人，由于受到“保持一致性”和“趋近权势”双重愿望的驱使，无论你曾经采取何种手段获得权力，他们都会淡忘或原谅。

7 掌控你的权力 Rules of Power

1. 你的任务是得到权力。一旦得到它，你便很可能一直拥有它。

2. 权力能让你免于因为自己的所作所为受到过重的惩罚。

3. 倘若你成功、富有、有权有势，并拥有一个强大的社会网络，那么无论你做什么，这些成就与社会网络都将可能让你免于落魄。

4. 只要你能站上顶峰，人们都会遗忘你爬上去的过程，都会原谅你在爬上去的过程中可能犯下的错误。

5. 一旦你拥有了财富、名声、地位或权力，别人就会在一致性倾向的驱使下自动循环和不断强化对你拥有这些的认知。

6. 你一旦取得了成功、权力、地位与金钱，别人会调整自己的观点和行为来与你保持一致，并且忠于自己接近你这位掌权者的意愿。

7. 把权力、财富等资源赠与享誉盛名、地位崇高的公益组织，你就可以强化自己社会地位与合法性。

后　记

在通往权力的道路上坚持下去

我和我的同事罗伯特·萨顿20年前在《管理者的误区》(*The Knowing-Doing Gap*)里就指出，知识固然有用，可倘若不能转化为行动，它的价值也就所剩无几了。就权力而言，事实就是如此：了解权力的法则能带来多大的优势，取决于你将这些知识转化为行动的程度和频率。此外，运用知识也能让你从自身的行为经验中加深理解，这其实就是练习，随着实践的深入，知识也将成为你惯常行为的一部分，扎根在你的脑海里。因此，在本书的末尾，我有几个有关知行合一、运用权力法则的建议，希望能为你铺就权力之路。

且先听我一言：你得理解权力，将所学一遍又一遍地复习。虽然这些内容简单易懂，但实施起来却难得多。

若干年前，我认识了潘睿哲（Rajiv Pant）。那时他在《纽约时报》担任首席技术官。后来，他又来到 Thrive，在阿里安娜·赫芬顿（Arinna Huffington）手下工作。再后来，他成了《华尔街日报》的首席产品官、技术官。近期，他加入了赫斯特集团（Hearst Corporation）。最初，他是通过邮件联系我的。

“你是怎么知道我的呢？”我问他。

“我看了你的书《权力》（*Power*）。”他答道。

那潘睿哲又是怎么看到这本书的呢？他曾在康泰纳仕出版集团（Condé Nast Publications Inc.）从事信息技术工作。在一场政治角力中，他的对手获得了压倒性的胜利。他知道，自己唯有离开公司才能重拾事业的冲劲。因此，他决定坦然接受失败，在临走前尽可能缓和双方的关系。于是，他走进了这名曾经的对手、如今的上司的办公室，想最后和对方谈一次。就是在这时，他在书架上瞥见了我的书，记住了书脊上的名字。他决定把它买来读一读。他告诉我，直到那时，他才终于明白自己身上发生了什么。

潘睿哲下定决心，再也不允许同样的事情发生。他一口气买了三个版本，即有声书、电子书以及纸质书。内容都是一样的，为什么要买三版呢？他告诉我，这是因为“你教我们做的事情是不自然的，它违背了我们一直以来学到的内容，与我们经常见到的且大多是无用的领导力培训不同，与只是描绘理想社会却从未说明如何掌权、如何成事的书籍不同”。就像有人曾对我说的，如果读过马基雅维利的著述并了解一些有关人类行为的社会科学，你就会知道："领导力不是一种道德追求。"归根到底，它是助你成事的一切务实手段的总和。

要想做到不自然的、有时甚至违背传统的事，你就得不断提醒自己，时刻保持警惕。从字面上就能知道，"不自然的行为"无法自然而然地完成，因此，你只有克服困难，并有意识地思考，才有可能实现它。

潘睿哲分析得完全正确，我们可以从中得到一些重要启示：

- 世界蕴含着等级属性，越往上走位置越少，无论我们讨论的是职业运动、高校、政治集团还是学区管理，均无例外。
- 在这个等级森严的世界，要想参与竞争、获得晋升，运用权术的能力会随着你事业的发展变得愈发重要，因为所处的级别越高，人与人在智力和专业技能等方面的差异就越小。到了某个层次，人人都足够聪明，拥有的技术性知识也相差无几。
- 要是权术可以轻易驾驭，它也就不会成为决定人们能否登上更高位置、达成自身目标的重要因素了；毕竟，倘若人人都能轻而易举地运用权力的法则，也就几乎无人能以此建立优势了。

正因为对于很多人来说，本书的启示和法则难以自发践行，所以要解决的问题就很明确了：你需要得到一些帮助，来仔细考虑这 7 个法则并将其应用在自己的生活中。下面是一些具体的建议。

找一位私人教练

我保存着一份名单，上面罗列了我在线上和面授课程中的合作者。这些人了解权力的法则，也善于培训相关的技能。每当有人向我寻求总裁教练的资源，我都会把这份名单拿出来。当然了，找谁来当自己的教练是大家的自由，我并没有受托推荐什么人选。不过，请大家务必仔细选择。这位教练应当与你心意相通，具备值得你学习的优点，最重要的是，他绝不能只对你的倾诉表示同情，他还应该能让你认识到自己的错误、永不再犯。

一次，我和一位能力出众的女士共进午餐。她毕业于麻省理工学院，是一名工程师，曾跟人共同创立了一家公司。这家公司已经卖给了谷歌，不过在此之前，她就被自己的同伴驱逐了。她离职的原因是，当时公司有意聘请一位卓越的、能为公司创造巨大价值的市场经理，这个人在正要接受任命时突然告诉她的联合创始人，自己不可能与女人共事，更不可能当女人的下属。

我看着这位女士，问她是怎么做的。她告诉我，为了公司的利益，自己虽然在感情上难以接受，但还是选择了离开。她也把此事告诉了自己的教练，对方指责这位市场经理的“性别歧视”，也痛斥了那位联合创始人的不忠。

我又问：“教练还说了什么呢？”她告诉我：“没有了。”她的教练只是倾听了一个创伤故事，心怀怜悯地给予她情感的支持。

我当即告诉她：“炒掉你的教练。”为什么呢？因为教练对联合创始人和市场经理的说法固然非常正确，可这些内容百无一用，完全不能让她意识到自己无形中同样促成了如今丧失权柄的窘境。

我问："你确定那位市场经理本人的确说过自己不愿意为你工作或者和你共事吗？"我的朋友否认了这一点，她完全没有想到联合创始人为了把她赶出公司捏造这个故事的可能性，也没有深入考虑那位市场经理有没有可能为了得到这份工作而改变主意。她不愿意相信，自己的同伴宁愿编故事也要把自己逐出组织。

我继续说道："要是角色换过来，你的联合创始人会不会为了让公司聘请这位重要的人才、自己离开公司呢？""他大概是不会的"，她说。

我向她直接地表达了自己的想法："你明知或者强烈怀疑他不会为你做同样的牺牲，也没有任何一手信息来了解这个事件的始末，既然如此，你为什么要牺牲自己，离开自己参与创建又为之创造了这么多价值的公司呢？"

她吓了一跳，看着我，似乎是在抱怨我"责怪受害者"。我告诉她，我的字典里没有"责怪"二字，虽然她受到的对待值得谴责，但她的确没办法控制他人的做法，也没办法避免今后还可能会遇到同样恶劣的行为。虽然这很艰难，但她需要认识到：她能控制的只有自己。因此，她得想想如何改变自己的做法。

我还告诉她："很不幸的是，这种情形很有可能再次发生。你并不需要一位同情自己的教练。你的教练应该帮你做好心理上和策略上的准备，让你今后能更有效地解决类似的状况，至少坚持自己的立场。"

这个故事的主旨是：你的教练应该能妥善地、建设性地、坚定地把你推出舒适区，让你能掌控自己的选择和自己的行为，助你赢得艰难的权力之争。是的，世界就是如此残酷和不公。**我也告诉我的学生，耗竭你的往往都是那些最亲近的人，也只有这样的人才有这样的动机、这样的机会，就像这位主人公的联合创始人那样。**在莎士比亚的戏剧里，是谁背叛了凯撒大帝呢？是布鲁图斯，“凯撒的朋友，沐浴着荣耀的男人。”**你得时刻做好准备，在糟糕、不公之事发生时不至于措手不及，而是可以情绪平静地做出有效、有策略的反应。**

建立个人董事会

对于公司来说，一个良性运行的董事会是怎样的？它应该能提供新鲜的视角、差异化的信息，在最理想的状态下，还要确保领导团队为经营结果负责。对于个人而言也是如此：一帮人（可能三四个人），在不同行业担任不同岗位，和你没有任何意义上的竞争关系，平时无须专门凑在一起。他们的任务是确保你为自己订立的目标负责，在你需要时，为你提供自己并不具备的异质性信息、视野和人脉关系。人们常常会很愿意做这件事，因为正如我们在前面讨论过的“寻求帮助”的话题，人总是乐于提供建议和协助，从而帮助到他人。

组织“权力午餐”

近几年，许多上了我的课的女性自发组成了若干小组，定期聚在一起。她们之所以举行这些活动，是为了能跟与自己有着相似境遇但没有竞争关系的人一起头脑风暴，理解我在课上和书中讲到的这些普适的观点，以期把它们转化为具体情形下的具体行动。研究表明，与人一起头脑风暴是学习以及获取新观点的有效途径。这种做法同样可以用来提升运用权力的效果。每周一次的共进午餐（或晚餐）能让你保持良好的学习劲头，受益于社会促进，即在他人在场的情况下，你会更受鼓舞、表现更佳。除此之外，它能建立社会支持，让你在思索自己的困境、周旋于组织政治时得以享受愉快的社交活动。

我课堂上的有色人种女性塔马·尼斯比特（Tamar Nisbett）现在从事金融工作，她讲述了这场后来被大家称为“权力集团”的活动在2020年时的发起过程。她跟一部分同学尝试了课上讲的内容，发现确实非常有用。去年的某位学生告诉我，尼斯比特先是找到她，分享了自己做出的尝试和收获的效果。后来，尼斯比特和另一位同学玛尔塔（Marta）索性又邀请了几位女性，“权力午餐”就这样开始了：

> 我们形成了一个8人小组，大家几乎都已经上完了这门课。我们是第一次做这样的事，所以当时我们计划先进行8周，每人轮流从书中选出最感兴趣的一章，或是选出自己觉得最有挑战性的内容，然后大家就聚焦于此，这样我们每周就都有一个主题了。我们几人每周一都会共进午餐，讨论这周的主题，要是有需要帮助的地方也可以提出。每周都能和这批优秀的女性聚在一起，每周都有机会寻求帮助，我觉得这真是太妙了，尽管最初大多数人并不习惯这么做。聚餐中，我们也可以汇报自己的进展，从这些完全理解彼此在做什么事的人身上获得鼓励。现在，玛尔塔和我正进行一系列试验，在秋季学期组建了三个MBA小组、三个GSB（斯坦福研究生院）女性院友小组还有三个非GSB与MBA女性小组。我们还在筹建一个教育网站，希望让人们能有机会自学相关内容。这些内容对我们的帮助非常大，所以我们

很希望其他女性也能有同样的机会加入这样的小组，勇于寻求帮助。

要想做成她们做的这件事，你并不需要读 MBA 或者在斯坦福上学。你甚至不必是女性、不必身在美国。在困难的、有挑战性的问题上与别人交流想法，或是向别人分享自身的经历、寻求帮助，这些做法的益处完全是普适的。

列清单

列出你想做的事、想学的东西、想认识的人。营销专家、演讲家及畅销书作家法拉奇告诉我班上的学生："我这一生总是在列写自己想做的事。"清单能为你呈现确切的目标，帮你梳理自己希望得到的成果和实现成果的步骤。长期以来，相关研究都表明，设定目标，尤其是清晰且有野心的目标，可以提升你实现目标的可能性和整体的绩效水平。

如果你觉得运用权力很不自然，那就去练习。我有位曾是高尔夫球手的朋友告诉我，挥杆其实并不是一个自然的动作，所以想学会和保持高水准挥杆，练习是必不可少的。你可以像运动那样，通过不断练习、反复使用，锻炼自己的"权力肌"。这并没有那么难。你可以想想谁能帮助自己，然后去联系他们；可以试着建立强有力的品牌，形成一套简洁的说辞，告诉大家你是谁、你为何特别胜任自己所做的事；可以学习展现权力的言行举止，了解如何以面部表情、肢体语言和言语彰显权力，并加以运用；除此之外，还要摆脱定式，学会不再拖累自己、不再对他人的评价怀有不必要的担心；还要打破规则，用纯熟的权力策略和技巧出乎别人的意料。倘若你能时时自省，从实践中学习，你便能在相当短的时间里将这些权力的知识转化为实际的行动。

请你把本书的法则与内容铭记于心。你大可利用通勤时间听有声书，也可以与朋友讨论。除此之外，你还应该更深入地了解权力这个主题。如今，互联网让全世界的研究成果触手可及，与其踟蹰怀疑，或是依赖传闻，或是听信某些商业领袖捏造的、自吹自擂的、常常还是代笔的自传故事，不如自己做点功课，好好了解真相。知识就是力量，在当今世界，要获得知识，不过是动动手指的事。所以，遇事应该寻求知识、运用知识。

在需要完成不自然甚至不舒服的事情时，找人来帮你吧。此外，化用斯坦福大学商学院的院训，即便你志在“改写人生，改造组织，改变世界”，也请务必牢记本书的重要观点，不要忘了也为你自己谋划和努力。

在你追求权力的道路上，我想祝你好运。不过好运其实没什么意义，那我便祝你尽如所愿，收获权力。

参考文献

前　言

Jeffrey Pfeffer, *Power in Organizations,* Marshfield, MA: Pitman, 1981; Jeffrey Pfeffer, *Managing with Power: Politics and Influence in Organizations*, Boston: Harvard Business School Press, 1992; Jeffrey Pfeffer, *Power: Why Some People Have It—and Others Don't*, New York: Harper Business, 2010.

Jeffrey Pfeffer, *Leadership BS: Fixing Workplace and Careers One Truth at a Time,* New York: Harper Business, 2015.

George A. Miller (1956), "The Magical Number Seven, Plus or

Minus Two: Some Limits on Our Capacity for Processing Information," *Psychological Review, 63* (2), 81–97; quote is from p. 81.

T. L. Saaty and M. S. Ozdemir (2003), "Why the Magic Number Seven Plus or Minus Two," *Mathematical and Computer Modelling, 38* (3–4), 233–244; quote is from p. 233.

Michael Marmot, *The Status Syndrome: How Social Standing Affects Our Health and Longevity,* New York: Times Books, 2004.

Y. Kifer, D. Heller, W. Q. E. Perunovic, and A. D. Galinsky (2003), "The Good Life of the Powerful: The Experience of Power and Authenticity Enhances Subjective Well-Being," *Psychological Science, 24* (3), 280–288.

Moses Naim, *The End of Power: From Boardrooms to Battlefields and Churches to States, Why Being in Charge Isn't What It Used to Be*, New York: Basic Books, 2014.

Steven Poole, "Why Would Mark Zuckerberg Recommend *The End of Power*?" *The Guardian,* January 8, 2015.

Kara Swisher, "Zuckerberg's Free Speech Bubble," *New York Times,* June 3, 2020.

David Dayen, "The New Economic Concentration: The Competition

That Justifies Capitalism Is Being Destroyed—by Capitalists," *American Prospect,* January 16, 2019.

Jeremy Heimans and Henry Timms, *New Power: How Power Works in Our Hyperconnected World—and How to Make It Work for You*, New York: Doubleday, 2018.

Ben Smith, "News Sites Risk Wrath of Autocrats," *New York Times,* July 13, 2020.

"Global Democracy Has Another Bad Year," *The Economist*, January 22, 2020.

Cato Institute, *The Human Freedom Index 2020*.

Glenn Kessler, Salvador Rizzo, and Meg Kelly, *Donald Trump and His Assault on Truth: The President's Falsehoods, Misleading Claims and Flat-Out Lies,* New York: Scribner, 2020.

Frank Dikotter, *How to Be a Dictator: The Cult of Personality in the Twentieth Century,* New York: Bloomsbury, 2019.

J. M. Fenster, *Cheaters Always Win: The Story of America,* New York: Twelve, 2019.

Deborah L. Rhode, *Cheating: Ethics in Everyday Life*, New York:

Oxford University Press, 2018.

Matthew Hutson, "Life Isn't Fair," *The Atlantic,* June 2016.

Murray Edelman, *The Symbolic Uses of Politics,* Urbana: University of Illinois Press, 1964.

引 言

Martin J. Smith, "Rukaiyah Adams, MBA '08, Chief Investment Officer, Meyer Memorial Trust," Stanford Graduate School of Business, May 9, 2019.

Sarah Lyons-Padilla, Hazel Rose Markus, Ashby Monk, Sid Radhakrishna, Radhika Shah, Norris A. "Daryn" Dodson IV, and Jennifer L. Eberhardt, "Race Influences Professional Investors' Financial Judgments," *Proceedings of the National Academy of Sciences, 116* (35), 17225–17230.

Los Angeles Times, "John Jacobs; Columnist, Award-Winning Author," May 25, 2000.

Tim Reiterman and John Jacobs, *Raven: The Untold Story of the Rev. Jim Jones and His People*, New York: E. P. Dutton, 1985.

Mark A. Whatley, Matthew Webster, Richard H. Smith, and

Adele Rhodes (1999), "The Effect of a Favor on Public and Private Compliance: How Internalized Is the Norm of Reciprocity?" *Basic and Applied Social Psychology, 21* (3), 251–259.

Reiterman and Jacobs, *Raven*, particularly chapter twenty-eight, "San Francisco in Thrall."

Charles A. O'Reilly and Jennifer A. Chatman (2020), "Transformational Leader or Narcissist? How Grandiose Narcissists Can Create and Destroy Organizations and Institutions," *California Management Review, 62* (3), 5–27.

Bella M. DePaulo, Deborah A. Kashy, Susan E. Kirkendol, Melissa M. Wyer, and Jennifer A. Epstein (1996), "Lying in Everyday Life," *Journal of Personality and Social Psychology, 70* (5), 979–995.

Elizabeth Prior Jonson, Linda McGuire, and Brian Cooper (2016), "Does Teaching Ethics Do Any Good?" *Education + Training, 58* (4), 439–454.

Aditya Simha, Josh P. Armstrong, and Joseph F. Albert (2012), "Attitudes and Behaviors of Academic Dishonesty and Cheating—Do Ethics Education and Ethics Training Affect Either Attitudes or Behaviors?" *Journal of Business Ethics Education, 9*, 129–144.

James Weber (1990), "Measuring the Impact of Teaching Ethics to Future Managers: A Review, Assessment, and Recommendations," *Journal of Business Ethics, 9*, 183–190.

Christian Hauser (2020), "From Preaching to Behavior Change: Fostering Ethics and Compliance Learning in the Workplace," *Journal of Business Ethics, 162*, 835–855; quote is from p. 836.

Frank Martela (2015), "Fallible Inquiry with Ethical Ends-in-View: A Pragmatist Philosophy of Science for Organizational Research," *Organization Studies, 36* (4), 537–563.

Columbia 250, "Robert Moses," accessed September 16, 2021.

Yona Kifer, Daniel Heller, Wei Qi, Elaine Perunovic, and Adam D. Galinsky (2013), "The Good Life of the Powerful: The Experience of Power and Authenticity Enhances Subjective Well-Being," *Psychological Science, 24* (3), 280–288.

Kifer et al., "The Good Life of the Powerful," p. 283.

Gerlad R. Ferris, Pamela L. Perrewe, B. Parker Ellen III, Charn P. Mcallister, and Darren C. Treadway, *Political Skill at Work*, Boston: Nicholas Brealey Publishing, 2020; quote is from p. 15.

Ferris et al., *Political Skill at Work*, p. 27.

Samuel Y. Todd, Kenneth J. Harris, Ranida B. Harris, and Anthony R. Wheeler (2009), "Career Success Implications of Political Skill," *Journal of Social Psychology, 149* (3), 179–204.

Gerhard Blickle, Katharina Oerder, and James K. Summers (2010), "The Impact of Political Skill on Career Success of Employees' Representatives," *Journal of Vocational Behavior, 77* (3), 383–390.

Kathleen K. Ahearn, Gerald R. Ferris, Wayne A. Hochwarter, Caesar Douglas, and Anthony Ammeter (2004), "Leader Political Skill and Team Performance," *Journal of Management, 30* (3), 309–327.

Timothy P. Munyon, James K. Summers, Katina M. Thompson, and Gerald R. Ferris (2013), "Political Skill and Work Outcomes: A Theoretical Extension, Meta-Analytic Investigation, and Agenda for the Future," *Personnel Psychology, 68*, 143–184.

Li-Qun Wei, Flora F. T. Chiang, and Long-Zeng Wu (2010), "Developing and Utilizing Network Resources: Roles of Political Skill," *Journal of Management Studies, 49* (2), 381–402.

Kenneth J. Harris, K. Michel Kacmer, Suzanne Zivnuska, and Jason D. Shaw (2007), "The Impact of Political Skill on Impression Management Effectiveness," *Journal of Applied Psychology, 92* (1), 278–285.

Darren C. Treadway, Gerald R. Ferris, Allison B. Duke, Garry

L. Adams, and Jason B. Thatcher (2007), "The Moderating Role of Subordinate Political Skill on Supervisors' Impressions of Subordinate Ingratiation and Ratings of Subordinate Interpersonal Facilitation," *Journal of Applied Psychology, 92* (3), 848–855.

Li-Qun Wei, Jun Liu, Yuan-Yi Chen, and Long-Zeng Wu (2010), "Political Skill, Supervisor-Subordinate *Guanxi* and Career Prospects in Chinese Firms," *Journal of Management Studies, 47* (3), 437–454.

Pamela L. Perrewe, Gerald R. Ferris, Dwight D. Frink, and William P. Anthony (2000), "Political Skill: An Antidote for Workplace Stressors," *Academy of Management Perspectives, 14* (3), 115–123.

Cameron Anderson, Daron L. Sharps, Christopher J. Soto, and Oliver P. John (2020), "People with Disagreeable Personalities (Selfish, Combative, and Manipulative) Do Not Have an Advantage in Pursuing Power at Work," *Proceedings of the National Academy of Science, 117* (37), 22780–22786.

Jodi L. Short (1999), "Killing the Messenger: The Use of Nondisclosure Agreements to Silence Whistleblowers," *University of Pittsburgh Law Review, 60,* 1207–1234.

Dennis E. Clayson (2009), "Student Evaluations of Teaching: Are They Related to What Students Learn?" *Journal of Marketing Education, 31* (1), 16–30.

Bart De Langhe, Philip M. Fernbach, and Donald R. Lichtenstein (2016), "Navigating by the Stars: Investigating the Actual and Perceived Validity of Online User Ratings, *Journal of Consumer Research, 42,* 817–833.

Nalini Ambady, Frank J. Bernieri, and Jennifer A. Richeson (2000), "Toward a Histology of Social Behavior: Judgmental Accuracy from Thin Slices of the Behavioral Stream," *Advances in Experimental Social Psychology, 32*, 201–271; quote is from p. 201.

Alison Carmen (2015), "If You Judge People, You Have No Time to Love Them."

Carmen, "If You Judge People."

Barbara O'Brien, "The Buddhist Art of Nonjudgmental Judging Is Subtle," *The Guardian,* July 20, 2011.

Dana R. Carney (2020), "The Nonverbal Expression of Power, Status, and Dominance," *Current Opinion in Psychology, 33*, 256–264.

Jeffrey Pfeffer (2013), "You're Still the Same: Why Theories of Power Hold over Time and Across Contexts," *Academy of Management Perspectives, 27* (4), 269–280.

Sarah Lyons-Padilla et al., "Race Influences Professional Investors' Financial Judgments."

法则1

Samyukta Mullangi and Reshma Jagsi (2019), "Imposter Syndrome: Treat the Cause, Not the Symptom," *Journal of the American Medical Association, 322* (5), 403–404; quote is from p. 403.

George P. Chrousos, Alexios-Fotios A. Mentis, and Efthimios Dardiotis (2020), "Focusing on the Neuro-Psycho-Biological and Evolutionary Underpinnings of the Imposter Syndrome," *Frontiers in Psychology, 11*, 1553–1556.

Jeffrey Pfeffer, Christina T. Fong, Robert B. Cialdini, and Rebecca R. Portnoy (2006), "Overcoming the Self-Promotion Dilemma: Interpersonal Attraction and Extra Help as a Consequence of Who Sings One's Praises," *Personality and Social Psychology Bulletin, 32* (10), 1362–1374; quote is from p. 1362.

Dayrl J. Bem (1972), "Self-Perception Theory," *Advances in Experimental Social Psychology, 6*, 1–62; quote is from p. 1.

Gerald R. Salancik and Mary Conway (1975), "Attitude Inferences from Salient and Relevant Cognitive Content About Behavior," *Journal of Personality and Social Psychology, 32* (5), 829–840.

Deidre Boden, *The Business of Talk: Organizations in Action*, Cambridge: Polity Press, 1994.

Interview with Christina Troitino, July 9, 2020.

Rosabeth Moss Kanter (1979), "Power Failure in Management Circuits," *Harvard Business Review, 57* (4), 65–75; quote is from p. 65.

Deborah Gruenfeld, *Acting with Power: Why We Are More Powerful Than We Believe*, New York: Currency, 2020.

Malgorzata S., "An Excellent Resource for All Those Who Want to Learn How to Use Power Well," Amazon UK review, July 27, 2020, retrieved June 27, 2021.

Sam Borden, "Where Dishonesty Is Best Policy, U.S. Soccer Falls Short," *New York Times,* June 15, 2014.

Ann Schmidt, "How Arthur Blank, Bernie Marcus Co-founded Home Depot After Being Fired," Fox Business, August 2, 2020.

Ann Schmidt, "How Netflix's Reed Hastings Overcame Failure While Leading His First Company," Fox Business, June 21, 2020.

Jeffrey Pfeffer and Gerald R. Salancik, *The External Control of Organizations: A Resource Dependence Persepctive,* Stanford, CA: Stanford Business Books, 2003.

Safi Bahcall, *Loonshots: How to Nurture the Crazy Ideas That Win Wars,*

Cure Diseases, and Transform Industries, New York: St. Martin's Press, 2019; quotes are from pp. 57–59, emphasis added.

Jeffrey Pfeffer, *Power*, chapter two.

Peter Belmi and Kristin Laurin (2016), "Who Wants to Get to the Top? Class and Lay Theories About Power," *Journal of Personality and Social Psychology, 111* (4), 505–529.

Cameron Anderson and Gavin J. Kilduff (2009), "Why Do Dominant Personalities Attain Influence in Face-to-Face Groups? The Competence-Signaling Effects of Trait Dominance," *Journal of Personality and Social Psychology, 96* (2), 491–503.

Peter Belmi, Margaret A. Neal, David Reiff, and Rosemay Ulfe (2020), "The Social Advantages of Miscalibrated Individuals: The Relationship Between Social Class and Overconfidence and Its Implications for Class-Based Inequality," *Journal of Personality and Social Psychology, 118* (2), 254–282.

Musa Okwonga, *One of Them: An Eton College Memoir*, London: Unbound, 2021.

David Shariatmadari, "Musa Okwonga: 'Boys Don't Learn Shamelessness at Eton, It Is Where They Perfect It,'" *The Guardian*, April 10, 2021.

Ascend Foundation, "Glass Ceiling for Asian Americans is 3.7 Times Harder to Crack," PR Newswire, May 6, 2015.

Sylvia Ann Hewlett, Ripa Rashid, Claire Ho, and Diana Forster, *Asians in America: Unleashing the Potential of the Model Minority,* New York: Center for Talent Innovation, 2011.

F. Pratto, L. M. Stallworth, and J. Sidanius (1997), "The Gender Gap: Differences in Political Attitudes and Social Dominance Orientation," *British Journal of Social Psychology, 36,* 49–68.

Lynn R. Offerman and Pamela E. Schrier (1985), "Social Influence Strategies: The Impact of Sex, Role and Attitudes Toward Power," *Personality and Social Psychology Bulletin, 11* (3).

Mats Alvesson and Katja Einola (2019), "Warning for Excessive Positivity: Authentic Leadership and Other Traps in Leadership Studies," *Leadership Quarterly, 30,* 383–395.

Adam Grant, "Unless You're Oprah, 'Be Yourself' Is Terrible Advice," *New York Times,* June 4, 2016.

Kerry Roberts Gibson, Dana Harari, and Jennifer Carson Marr (2018), "When Sharing Hurts: How and Why Self-Disclosing Weakness Undermines the Task-Oriented Relationships of Higher Status Disclosers," *Organizational Behavior and Human Decision Processes, 144*, 25–

43; quote is from p. 25.

Gibson et al, "When Sharing Hurts," p. 25.

Gibson et al, "When Sharing Hurts," p. 38.

Herminia Ibarra, "The Authenticity Paradox," *Harvard Business Review,* January–February 2015.

Ibarra, "The Authenticity Paradox."

Edward P. Lemay and Margaret S. Clark (2015), "Motivated Cognition in Relationships," *Current Opinion in Psychology, 1,* 72–75; quote is from p. 72.

Lemay and Clark, "Motivated Cognition in Relationships."

Charles F. Bond Jr. and Bella M. DePaulo (2008), "Individual Differences in Judging Deception: Accuracy and Bias," *Psychological Bulletin, 134* (4), 477–492; quote is from p. 477.

Charles F. Bond, Jr., & Bella M. DePaulo (2006). "Accuracy of Deception Judgments," Personality and Social Psychology Review, 10 (3), 214-224; quote is from p. 214.

Robert A. Caro, *The Path to Power*, New York: Knopf, 1982; Robert

A. Caro, *Means of Ascent*, New York: Knopf, 1990; Robert A. Caro, *Master of the Senate*, New York: Knopf, 2002; Robert A. Caro, *The Passage of Power,* New York: Knopf, 2012.

James Richardson, *Willie Brown: A Biography*, Berkeley: University of California Press, 1996.

Robert B. Cialdini, *Influence: Science and Practice,* 5th ed., Boston: Allyn and Bacon, 2008.

Benjamin Schwarz, "Seeing Margaret Thatcher Whole," *New York Times,* November 12, 2019.

Any Cuddy (2009), "Just Because I'm Nice, Don't Assume I'm Dumb," *Harvard Business Review, 87* (2).

Teresa M. Amabile (1983), "Brilliant but Cruel: Perceptions of Negative Evaluators," *Journal of Experimental Social Psychology, 19* (2), 146–156.

Timothy A. Judge, Beth A. Livingston, and Charlice Hurst (2012), "Do Nice Guys—and Gals—Really Finish Last? The Joint Effects of Sex and Agreeableness on Income," *Journal of Personality and Social Psychology, 102* (2), 390–407.

Judge et al., "Do Nice Guys—and Gals—Really Finish Last?"

Anderson et al., "People with Disagreeable Personalities."

法则2

"Breaking Rules Makes You Seem Powerful," *Science Daily,* May 20, 2011.

David Kipnis (1972), "Does Power Corrupt?" *Journal of Personality and Social Psychology, 24*, 33–41.

Gerben A. van Kleef, Astrid C. Homan, Catrin Finkenauer, Seval Gundemir, and Eftychia Stamkou (2011), "Breaking the Rules to Rise to Power: How Norm Violators Gain Power in the Eyes of Others," *Social Psychological and Personality Science, 2* (5), 500–507.

van Kleef et al., "Breaking the Rules," p. 500.

Jeffrey Pfeffer, "Jason Calacanis: A Case Study in Creating Resources," Stanford, CA: Graduate School of Business Case #OB104, November 11, 2019; quote is from p 3.

Pfeffer, "Jason Calacanis."

Kristen Meinzer and T. J. Raphael, "Here's What Happens After 'Surprise!'" *The Takeaway,* April 2, 2015.

CPP Global, *Human Capital Report: Workplace Conflict and How Businesses Can Harness It to Thrive*, July 2008.

Robert A. Caro, *The Power Broker: Robert Moses and the Fall of New York,* New York: Knopf, 1974; quote is from p. 217.

Caro, *The Power Broker*, p. 218.

Ivan Arreguin-Toft, *How the Weak Win Wars: A Theory of Asymmetric Conflict,* Cambridge, UK: Cambridge University Press, 2005.

Malcom Gladwell, "How David Beats Goliath," *New Yorker, 85* (13), May 11, 2009.

Susan Pulliam, Rebecca Elliott, and Ben Foldy, "Elon Musk's War on Regulators," *Wall Street Journal,* April 28, 2021.

Francis J. Flynn and Vanessa K. B. Lake (2008), "If You Need Help, Just Ask: Underestimating Compliance with Direct Requests for Help," *Journal of Personality and Social Psychology, 95* (1), 128–143; quote is from p. 140.

Jeffrey Pfeffer and Victoria Chang, "Keith Ferrazzi," Case #OB44, Stanford, CA: Graduate School of Business, November 15, 2003.

Reginald F. Lewis and Blair S. Walker, *Why Should White Guys Have*

All the Fun? How Reginald Lewis Created a Billion-Dollar Business Empire, New York: Wiley, 1994.

法则3

Nalini Ambady and Robert Rosenthal (1993), "Half a Minute: Predicting Teacher Evaluations from Thin Slices of Nonverbal Behavior and Physical Attractiveness," *Journal of Personality and Social Psychology, 64* (3), 431–441.

Raymond S. Nickerson (1998), "Confirmation Bias: A Ubiquitous Phenomenon in Many Guises," *Review of General Psychology, 2* (2), 175–220.

"How Fast Does the Average Person Speak?" Word Counter, June 2, 2016.

Steven A. Beebe (1974), "Eye Contact: A Nonverbal Determinant of Speaker Credibility," *Speech Teacher, 23* (1), 21–25.

Charles I. Brooks, Michael A. Church, and Lance Fraser (1986), "Effects of Duration of Eye Contact on Judgments of Personality Characteristics," *Journal of Social Psychology, 126* (1), 71–78.

Joylin M. Droney and Charles I. Brooks (1993), "Attributions of Self-Esteem as a Function of Duration of Eye Contact," *Journal of Social*

Psychology, 133 (5), 715–722.

Amy Cuddy, "Your Body Language May Shape Who You Are," TED, June 2012.

Amy Cuddy, *Presence: Bringing Your Boldest Self to Your Biggest Challenges,* New York: Little, Brown Spark, 2005.

Ambady and Rosenthal, "Half a Minute."

Nicholas O. Rule and Nalini Ambady (2008), "The Face of Success: Inferences from Chief Executive Officers' Appearance Predict Company Profits," *Psychological Science, 19* (2), 109–111; quote is from p. 109.

Rule and Ambady, "The Face of Success," p. 110.

Nicholas O. Rule and Nalini Ambady (2009), "She's Got the Look: Inferences from Female Chief Executive Officers' Faces Predict Their Success," *Sex Roles, 61*, 644–652.

Quoted in Christian Hopp, Daniel Wentzel, and Stefan Rose (2020), "Chief Executive Officers' Appearance Predicts Company Performance, or Does It? A Replication and Extension Focusing on CEO Successions," *Leadership Quarterly* (in press).

Arianna Bagnis, Ernesto Caffo, Carlo Cipolli, Allesandra De Palma, Garielle Farina, and Katia Mattarozzi (2020), "Judging Health Care Priority in Emergency Situations: Patient Facial Appearance Matters," *Social Science and Medicine, 260* (in press).

Peter Lundberg, Paul Nuystedt, and Dan-Olof Rooth (2014), "Height and Earnings: The Role of Cognitive and Noncognitive Skills," *Journal of Human Resources, 49* (1), 1141–1166.

See, e.g., Daniel S. Hammermesh, *Beauty Pays: Why Attractive People Are More Successful,* Princeton, NJ: Princeton University Press, 2011.

C. Pfeifer (2012), "Physical Attractiveness, Employment and Earnings," *Applied Economics Letters, 19*, 505–510.

P. C. Morrow, J. C. McElroy, B. G. Stamper, and M. A. Wilson (1990), "The Effects of Physical Attractiveness and Other Demographic Characteristics on Promotion Decisions," *Journal of Management, 16*, 723–736.

Kelly A. Nault, Marko Pitesa, and Stefan Thau (2020), "The Attractiveness Advantage at Work: A Cross-Disciplinary Integrative Review," *Academy of Management Annals, 14* (2), 1103–1139.

Leslie A. Zebrowitz and Joann M. Montepare (2008), "Social Psychological Face Perception: Why Appearance Matters," *Social and*

Personality Psychology Compass, 2/3, 1497–1517; quote is from p. 1497.

Zebrowitz and Montepare, "Social Psychological Face Perception," p. 1498.

Baba Shiv and Alexander Fedorikhin (1999), "Heart and Mind in Conflict: The Interplay of Affect and Cognition in Consumer Decision Making," *Journal of Consumer Research, 26* (3), 278–292.

Dana R. Carney (2021), "Ten Things Every Manager Should Know About Nonverbal Behavior," *California Management Review, 63* (2), 5–22; quote is from p. 13.

Rob Goffee and Gareth Jones, *Why Should Anyone Be Led by You?* Boston: Harvard Review Press, 2006.

Larissa Z. Tiedens (2001), "Anger and Advancement Versus Sadness and Subjugation: The Effect of Negative Emotion Expressions on Social Status Conferral," *Journal of Personality and Social Psychology, 80* (1), 86–94; quotes are from p. 87.

Marwan Sinaceur and Larissa Z. Tidens (2006), "Get Mad and Get More Than Even: When and Why Anger Expression Is Effective in Negotiations," *Journal of Experimental Social Psychology, 42* (3), 314–322.

Karina Schumann (2018), "The Psychology of Offering an Apology:

Understanding the Barriers to Apologizing and How to Overcome Them," *Current Directions in Psychological Science, 27* (2), 7–78; quote is from p. 76.

Tyler G. Okimoto, Michael Wenzel, and Kyli Hedrick (2013), "Refusing to Apologize Can Have Psychological Benefits (and We Issue No Mea Culpa for This Research Finding)," *European Journal of Social Psychology, 43*, 22–31, p. 29.

Shereen J. Cahudry and George Loewenstein (2019), "Thanking, Apologizing, Bragging, and Blaming: Responsibility Exchange Theory and the Currency of Communication," *Psychological Review, 126* (3), 313–344; quote is from p. 316.

Jennifer Latson, "How Poisoned Tylenol Became a Crisis-Management Teaching Model," *Time,* September 29, 2014.

Elaine Hatfield, John T. Cacioppo, and Richard L. Rapson, *Emotional Contagion,* Cambridge, UK: Cambridge University Press, 1994.

Timothy F. Jones, Allen S. Craig, Debbie Hoy, Elaine W. Gunter, David L. Ashley, Dana B. Barr, John W. Brock, and William Schaffner (2000), "Mass Psychogenic Illness Attributed to Toxic Exposure at a High School," *New England Journal of Medicine, 342* (2), 96–100.

Shirley Wang (2006), "Contagious Behavior," *Observer,* February 1.

Sigal G. Barsade, Constantinos G. V. Coutifaris, and Julianna Pillemer (2018), "Emotional Contagion in Organizational Life," *Research in Organizational Behavior, 18*, 137–151; quote is from p. 137.

Cameron Anderson, Sebastien Brion, Don A. Moore, and Jessica A. Kennedy (2012), "A Status-Enhancement Account of Overconfidence," *Journal of Personality and Social Psychology, 103* (4), 718–735.

Amy J. C. Cuddy, Caroline A. Wilmuth, Andy J. Yap, and Dana R. Carney (2015), "Preparatory Power Posing Affects Nonverbal Presence and Job Interview Performance," *Journal of Applied Psychology, 100* (4), 1286–1295.

Kerry Roberts Gibson, Dana Harari, and Jennifer Carson Marr (2018), "When Sharing Hurts: How and Why Self-Disclosing Weakness Undermines the Task-Oriented Relationships of Higher Status Disclosers," *Organizational Behavior and Human Decision Processes, 144*, 25–43; quote is from p. 25.

Gibson, Harari, and Marr, "When Sharing Hurts," p. 38.

Dana R. Carney (2020), "The Nonverbal Expression of Power, Status, and Dominance," *Current Opinion in Psychology, 33*, 256–264.

Judith Donath (2021), "Commentary: The Ethical Use of Powerful Words and Persuasive Machines," *Journal of Marketing, 85* (1), 160–162.

Lawrence A. Hosman (1989), "The Evaluative Consequences of Hedges, Hesitations, and Intensifiers: Powerful and Powerless Speech Styles," *Human Communication Research, 15* (3), 383–406.

Christian Unkelbach and Sarah C. Rom (2017), "A Referential Theory of the Repetition-Induced Truth Effect," *Cognition, 160*, 110–126; quote is from p. 110.

Jeffrey L. Foster, Thomas Huthwaite, Julia A. Yesberg, Maryanne Garry, and Elizabeth F. Loftus (2012), "Repetition, Not Number of Sources, Increases Both Susceptibility to Misinformation and Confidence in the Accuracy of Eyewitnesses" *Acta Psychologica, 139* (2), 320–326; quote is from p. 320.

"Donald Trump Says Muslims Support His Plan," *Jimmy Kimmel Live*, December 17, 2015.

Lindsey M. Grob, Renee A. Meyers, and Renee Schuh (1997), "Powerful/Powerless Language Use in Group Interactions: Sex Differences or Similarities? *Communication Quarterly, 45* (3), 282–303; quote is from p. 294.

法则4

Martin Kilduff and David Krackhardt (1994), "Bringing the Individual Back In: A Structural Analysis of the Internal Market for Reputation in Organizations," *Academy of Management Journal, 37* (1), 87–108.

Robert B. Cialdini, *Influence*; quote is from p. 45.

Robert B. Cialdini, Richard J. Borden, Avril Thorne, Marcus Randall Walker, Stephen Freeman, and Lloyd Reynolds Sloan (1976), "Basking in Reflected Glory: Three (Football) Field Studies," *Journal of Personality and Social Psychology, 34* (3), 366–375.

Jeffrey Pfeffer, "Tristan Walker: The Extroverted Introvert," Case #OB93, Stanford, CA: Graduate School of Business, Stanford University, October 26, 2016; quote is from pp. 1–2.

Victoria Chang, Kimberly Elsbach, and Jeffrey Pfeffer, "Jeffrey Sonnenfeld: The Fall from Grace," Case #OB34A, Stanford, CA: Graduate School of Business, Stanford University, August 21, 2006.

Josh Barro, "Black Mark for Fiorina Campaign in Criticizing Yale Dean," *New York Times,* September 23, 2015.

Philip Weiss, "Is Emory Prof Jeffrey Sonnenfeld Caught in a New Dreyfus Affair?" *New York Observer,* May 17, 1999.

Michael Mattis, “Style Counsel: Willie Brown on Dressing the Man.”

Jason Calacanis, *Angel: How to Invest in Technology Startups*, New York: Harper Business, 2017.

Lee A. Iacocca and William Novak, *Iacocca: An Autobiography*, New York: Bantam Dell, 1984.

Jack Welch with John A. Byrne, *Jack: Straight from the Gut*, New York: Business Plus, 2001.

Pfeffer et al., “Overcoming the Self-Promotion Dilemma.”

Pfeffer, “Tristan Walker,” p. 11.

Megan Elisabeth Anderson and Jeffrey Pfeffer, “Nuria Chinchilla: The Power to Change Workplaces,” Case #OB67, Stanford, CA: Graduate School of Business, Stanford University, February 14, 2011; quote is from p. 13.

Anderson and Pfeffer, “Nuria Chinchilla.”

Pfeffer, “Jason Calacanis” ; quote is from pp. 4–5.

Pfeffer, “Jason Calacanis” ; pp. 12–13.

Jeffrey Pfeffer, "Sadiq Gillani's Airline Career Takes Off: Strategy in Action," Case #OB95, Stanford, CA: Graduate School of Business, Stanford University, November 30, 2018.

Ibid., quote is from p. 13.

Richard W. Halstead (2000), "From Tragedy to Triumph: Counselor as Companion on the Hero's Journey," *Counseling and Values, 44* (2), 100–106; quote is from p. 100.

Jim Collins, *Good to Great: Why Some Companies Make the Leap and Others Don't*, New York: Harper Business, 2001.

Annabelle R. Roberts, Emma E. Levine, and Ovul Sezer (2020), "Hiding Success," *Journal of Personality and Social Psychology, 120* (5), 1261–1286.

法则5

Alistair Barr, "Google Pays Returning Chief Business Officer $130 Million," *Wall Street Journal,* April 23, 2015.

Jeffrey Pfeffer and Ross Walker, *People Are the Name of the Game: How to Be More Successful in Your Career—and Life*, Pennsauken Township, NJ: BookBaby, 2013.

Keith Ferrazzi with Tahl Raz, *Never Eat Alone: And Other Secrets to Success, One Relationship at a Time* (2nd expanded ed.), New York: Currency, 2014.

Jiuen Pai, Sanford E. DeVoe, and Jeffrey Pfeffer (2020), "How Income and the Economic Evaluation of Time Affect Who We Socialize with Outside of Work," *Organizational Behavior and Human Decision Processes, 161*, 158–175.

Ivan Misner, "How Much Time Should You Spend Networking?" August 9, 2018.

Daniel Kahneman, Alan B. Krueger, David A. Schkade, Norbert Schwarz, and Arthur A. Stone (2004), "A Survey Method for Characterizing Daily Life Experience: The Day Reconstruction Method," *Science, 5702*, 1776–1780.

Tiziana Casciaro, Francesco Gino, and Maryam Kouchaki (2014), "The Contaminating Effects of Building Instrumental Ties: How Networking Can Make Us Feel Dirty," *Administrative Science Quarterly, 59* (4), 705–735.

Pai et al., "How Income and the Economic Evaluation," p. 158. The study referred to is C. R. Wanberg, R. Kanfer, and J. T. Banas (2000), "Predictors and Outcomes of Networking Intensity Among Unemployed Job Seekers," *Journal of Applied Psycholoy, 85,* 491–503.

Jeffrey Pfeffer, "Ross Walker's Path to Power," Case #OB79, Stanford, CA: Stanford Graduate School of Business, February 7, 2011; quote is from p. 14.

Hans-Georg Wolff and Klaus Moser (2009), "Effects of Networking on Career Success: A Longitudinal Study," *Journal of Applied Psychology, 94* (1), 196–206.

Torstein Nesheim, Karen Modesta Olsen, and Alexander Modsen Sandvik (2017), "Never Walk Alone: Achieving Working Performance Through Networking Ability and Autonomy," *Employee Relations, 39*(2), 240–253.

Samuel Y. Todd, Kenneth J. Harris, Ranida B. Harris, and Anthony R. Wheeler (2010), "Career Success Implications of Political Skill," *Journal of Social Psychology, 149* (3), 279–304.

Munyon et al., "Political Skill and Work Outcomes."

Carter Gibson, Jay H. Hardy III, and M. Ronald Buckley (2014), "Understanding the Role of Networking in Organizations, *Career Development International 19* (2), 146–161.

Jennifer Miller, "Want to Meet Influential New Yorkers? Invite Them to Dinner," *New York Times,* October 9, 2013.

Michael I. Norton, Daniel Mochon, and Dan Ariely (2012), "The IKEA Effect: When Labor Leads to Love," *Journal of Consumer Psychology, 22* (3), 453–460.

Mark S. Granovetter, *Getting a Job: A Study of Contacts and Careers,* Chicago: University of Chicago Press, 1974.

Mark S. Granovetter (1973), "The Strength of Weak Ties," *American Journal of Sociology, 78*, 1360–1380.

J. E. Perry-Smith (2006), "Social Yet Creative: The Role of Social Relationships in Facilitating Individual Creativity," *Academy of Management Journal, 49,* 85–101.

Gillian M. Sandstrom and Elizabeth W. Dunn (2014), "Social Interactions and Well-Being: The Surprising Power of Weak Ties," *Personality and Social Psychology Bulletin, 40* (7), 910–922; quote is from p. 918.

Ronald S. Burt (2004), "Structural Holes and Good Ideas," *American Journal of Sociology, 110* (2), 349–399; quote is from p. 349.

Burt, "Structural Holes and Good Ideas."

Ronald S. Burt (2000), "The Network Structure of Social Capital," *Research in Organizational Behavior, 22*, 345–423.

Ronald S. Burt (2007), "Secondhand Brokerage: Evidence on the Importance of Local Structure for Managers, Bankers, and Analysts," *Academy of Management Journal, 50* (1), 119–148; quote is from p. 119.

Jeffrey Pfeffer, "Zia Yusuf at SAP: Having Impact," Case #OB73, February 3, 2009, Stanford, CA: Graduate School of Business, Stanford University.

Herminia Ibarra (1993), "Network Centrality, Power, and Innovation Involvement: Determinants of Technical and Administrative Roles," *Academy of Management Journal, 36* (3), 471–501.

Myung-Ho Chung, Jeehye Park, Hyoung Koo Moon, and Hongseok Oh (2011), "The Multilevel Effects of Network Embeddedness on Interpersonal Citizenship Behavior," *Small Group Research, 42* (6), 730–760.

Brian Mullen, Craig Johnson, and Eduardo Salas (1991), "Effects of Communication Network Structure: Components of Positional Centrality," *Social Networks, 13* (2), 169–185.

Alvin W. Gouldner (1960), "The Norm of Reciprocity: A Preliminary Statement," *American Sociological Review, 25*, 161–178.

Ronald S. Burt and Don Ronchi (2007), "Teaching Executives to See Social Capital: Results from a Field Experiment," *Social Science Research, 36* (3), 1156–1183; quote is from p. 1156.

法则6

The National Security Archive, "Episode 13: Make Love, Not War (The Sixties)," George Washington University, January 10, 1999.

Per-Ola Karlsson, Martha Turner, and Peter Gassmann (2019), "Succeeding the Long-Serving Legend in the Corner Office, *Strategy + Business,*" Summer 2019, Issue 95.

Matt Barnum, "How Long Does a Big-City Superintendent Last? Longer Than You Might Think," *Chalkbeat,* May 8, 2018.

The material in this section is primarily drawn from Jeffrey Pfeffer, "Amir Rubin: Success from the Beginning," Case #OB90, January 6, 2015, Stanford, CA: Graduate School of Business, Stanford University.

Stanford Health Care, "Stanford Health Care-Stanford Hospital Named to U.S. News & World Report's 2015-16 Best Hospitals Honor Roll," July 21, 2015.

Sara Mosie, "The Stealth Chancellor," *New York Times,* August 31, 1997.

Jeffrey Pfeffer, "Kent Thiry and DaVita: Leadership Challenges in Building and Growing a Great Company," Case #OB54, May 22, 2006, Stanford, CA: Graduate School of Business, Stanford University; quote is from p. 5.

C. Edward Fee and Charles J. Hadlock (2004), "Management Turnover Across the Corporate Hierarchy," *Journal of Accounting and Economics, 37* (1), 3–38.

Idalene F. Kesner and Dan R. Dalton (1994), "Top Management Turnover and CEO Succession: An Investigation of the Effects of Turnover on Performance," *Journal of Management Studies, 31* (5), 701–713.

James Richardson, *Willie Brown: A Biography*, Berkeley: University of California Press, 1996; quote is from p. 278.

Richardson, *Willie Brown,* pp. 278–279.

"Citing Sexism, Stanford Doctor Quits," *New York Times,* June 4, 1991, p. A22.

Goodreads, "Niccolò Machiavelli."

Paul Goldberer, "Robert Moses, Master Builder, Is Dead at 92," *New York Times,* July 30, 1981, p. A1.

Caro, *The Power Broker*, p. 449.

Caro, *The Power Broker*, p. 986.

Sydney Sarachan, "The Legacy of Robert Moses," January 17, 2013.

Sydney Sarachan, "The Legacy of Robert Moses," January 17, 2013. *Need to Know on PBS.*

Emily Stewart, "Mark Zuckerberg Is Essentially Untouchable at Facebook," Vox, December 29, 2018.

Mengqi Sun, "More U.S. Companies Separating Chief Executive and Chairman Roles," *Wall Street Journal,* January 23, 2019.

Connie Bruck, "The Personal Touch," *New Yorker,* August 6, 2001.

Paul Goldberger, "Robert Moses, Master Builder, Is Dead at 92," *New York Times,* July 30, 1981, p. A1.

法则7

Bahcall, *Loonshots*; quote is from p. 56.

Glenn Thrush, Jo Becker, and Danny Hakim, "Tap Dancing with Trump: Lindsey Graham's Quest for Relevance," *New York Times,* August 14, 2021.

Mark Leibovich, "How Lindsey Graham Went from Trump Skeptic to Trump Sidekick," *New York Times,* February 25, 2019.

Leibovich, "How Lindsey Graham Went from Trump Skeptic to

Trump Sidekick."

Thrush et al., "Tap Dancing with Trump."

David G. Winter (1988), "The Power Motive in Women—and Men," *Journal of Personality and Social Psychology, 54* (3), 510–519.

Wiktionary, "The nail that sticks out gets hammered down," last modified August 6, 2020.

Robert K. Merton (1988), "The Matthew Effect in Science, II: Cumulative Advantage and the Symbolism of Intellectual Property," *Isis, 79*, 606–623; quote is from p. 606.

Michelle L. Dion, Jane Lawrence Sumner, and Sara McLaughlin Mitchell (2018), "Gendered Citation Patterns Across Political Science and Social Science Methodology Fields," *Political Analysis, 26*, 312–327.

Matjaz Perc (2014), "The Matthew Effect in Empirical Data," *Journal of the Royal Society Interface, 11*.

See, for instance, Niklas Karlsson, George Loewenstein, and Duane Seppi (2009), "The Ostrich Effect: Selective Attention to Information, *Journal of Risk and Uncertainty, 38*, 95–115; Jack Fyock and Charles Stangor (1994), "The Role of Memory Biases in Stereotype Maintenance," *British Journal of Social Psychology, 33* (3), 331–343.

Alison R. Fragale, Benson Rosen, Carol Xu, and Iryna Merideth (2009), "The Higher They Are, the Harder They Fall: The Effects of Wrongdoer Status on Observer Punishment Recommendations and Intentionality Attributions," *Organizational Behavior and Human Decision Processes, 108* (1), 53–65.

Scott D. Griffin, Jonathan Bundy, Joseph F. Porac, James B. Wade, and Dennis P. Quinn (2013), "Falls from Grace and the Hazards of High Status: The 2009 British MP Expense Scandal and Its Impact on Parliamentary Elites," *Administrative Science Quarterly, 58* (3), 313–345.

Hannah Riley Bowles and Michele Gelfand (2010), "Status and the Evaluation of Workplace Deviance," *Psychological Science, 21* (1), 49–54.

Evan Polman, Nathan C. Pettit, and Batia M. Wiesenfeld (2013), "Effects of Wrongdoer Status on Moral Licensing," *Journal of Experimental Social Psychology, 49* (4), 614–623.

Jesse Eisinger, *The Chickenshit Club: Why the Justice Department Fails to Prosecute Executives,* New York: Simon & Schuster, 2017.

James Kwak, "America's Top Prosecutors Used to Go After Top Executives. What Changed?" *New York Times,* July 5, 2017.

Julie Creswell with Naomi Prins, "The Emperor of Greed: With the Help of His Bankers, Gary Winnick Treated Global Crossing as His

Personal Cash Cow—Until the Company Went Bankrupt," CNN Money, June 24, 2002.

Chris Gaither, Jonathan Peterson, and David Colker, "Founder Escapes Charges in Global Crossing Failure," *Los Angeles Times,* December 14, 2004.

William D. Cohan, "Michael Milken Invented the Modern Junk Bond, Went to Prison, and Then Became One of the Most Respected People on Wall Street," *Insider,* May 2, 2017.

Ann Friedman, "Martha Stewart's Best Lesson: Don't Give a Damn," *New York Magazine,* March 14, 2013.

Jodi Kantor, Mike McIntire, and Vanessa Friedman, "Jeffrey Epstein Was a Sex Offender. The Powerful Welcomed Him Anyway," *New York Times,* July 13, 2019.

David Enrich, "How Jeffrey Epstein Got Away with It," *New York Times,* July 13 2021.

Duncan Riley, "Employee Management Software Startup Rippling Raises $145M on Unicorn Valuation," SiliconAngle, August 4, 2020.

Nathaniel Popper, "Sex Scandal Toppled a Silicon Valley Chief. Investors Say, So What?" *New York Times,* July 27, 2018.

Leslie Berlin, "Mike Isaac's Uber Book Has Arrived," *New York Times,* September 6, 2019.

Dacher Keltner, Deborah H. Gruenfeld, and Cameron Anderson (2003), "Power, Approach, and Inhibition," *Psychological Review, 110* (2), 265–284.

Cameron Anderson and Adam D. Galinsky (2006), "Power, Optimism, and Risk Taking," *European Journal of Social Psychology, 36* (4), 511–536.

Brent L. Hughes and Jamil Zaki (2015), "The Neuroscience of Motivated Cognition," *Trends in Cognitive Sciences, 19* (2), 62–64; quote is from p. 62.

Hughes and Zaki, "The Neuroscience of Motivated Cognition."

Arie W. Kruganski, Katarzyna Jasko, Maxim Milyavsky, Marina Chernikova, David Webber, Antonio Pierro, and Daniela di Santo (2018), "Cognitive Consistency Theory in Social Psychology: A Paradigm Reconsidered," *Psychological Inquiry, 29* (2), 45–59.

Barry M. Staw, "Attribution of the 'Causes' of Performance: A General Alternative Interpretation of Cross-Sectional Research on Organizations," *Organizational Behavior and Human Performance, 13* (3), 414–432; quote is from p. 414.

Amit Bhattacharjee, Jonathan Z. Berman, and Americus Reed II (2013), "Tip of the Hat, Wag of the Finger: How Moral Decoupling Enables Consumers to Admire and Admonish," *Journal of Consumer Research, 39*, 1167–1184.

Bhattacharjee et al., "Tip of the Hat," p. 1168; the Bandura article to which this quote refers includes Albert Bandura, Claudio Barbaranelli, Gian V. Caprara, and Concetta Pastorelli (1996), "Mechanisms of Moral Disengagement in the Exercise of Moral Agency," *Journal of Personality and Social Psychology, 71* (2), 364–374.

Victoria Chang and Jeffrey Pfeffer, "Dr. Laura Esserman (A)," Case #OB42A, Stanford, CA: Graduate School of Business, Stanford University, September 30, 2003; quote is from p 4.

Jeffrey Sonnenfeld, *The Hero's Farewell: What Happens When CEOs Retire,* New York: Oxford University Press, 1988.

Nick Bilton, "All Is Fair in Love and Twitter," *New York Times,* October 9, 2013. The material on Dorsey and Twitter comes from this source.

Bilton, "All Is Fair."

Jelani Cobb, "Harvey Weinstein, Bill Cosby and the Cloak of Charity," *New Yorker,* October 14, 2017.

Renae Merle, "In Decades Before Pardon, Michael Milken Launched 'Davos' Competitor and Showered Millions on Charities," *Washington Post,* February 21, 2020.

WebMD, "2014 People's Choice: Martha Stewart," accessed September 16, 2021.

Winnick Family Foundation, "About," accessed September 16, 2021.

Quote Investigator, "Winning Isn't Everything; It's the Only Thing," March 13, 2017.

后　记

Pfeffer and Sutton, *The Knowing-Doing Gap*.

Jeffrey Pfeffer, *Power*.

Encyclopedia Britannica, "Marcus Brutus."

See, e.g., Robert I. Sutton and Andrew Hargadon (1996), "Brainstorming Groups in Context: Effectiveness in a Product Design Firm," *Administrative Science Quarterly, 41* (4), 685–718.

Robert B. Zajonc (1965), "Social Facilitation," *Science, 149* (3681), 269–274.

Anthony J. Mento, Robert P. Steel, and Ronald J. Karren (1987), "A Meta-Analytic Study of the Effects of Goal Setting on Task Performance: 1966–1984," *Organizational Behavior and Human Decision Processes, 39* (1), 52–83.

未来，属于终身学习者

我们正在亲历前所未有的变革——互联网改变了信息传递的方式，指数级技术快速发展并颠覆商业世界，人工智能正在侵占越来越多的人类领地。

面对这些变化，我们需要问自己：未来需要什么样的人才？

答案是，成为终身学习者。终身学习意味着具备全面的知识结构、强大的逻辑思考能力和敏锐的感知力。这是一套能够在不断变化中随时重建、更新认知体系的能力。阅读，无疑是帮助我们整合这些能力的最佳途径。

在充满不确定性的时代，答案并不总是简单地出现在书本之中。“读万卷书”不仅要亲自阅读、广泛阅读，也需要我们深入探索好书的内部世界，让知识不再局限于书本之中。

湛庐阅读 App：与最聪明的人共同进化

我们现在推出全新的湛庐阅读 App，它将成为您在书本之外，践行终身学习的场所。

- 不用考虑“读什么”。这里汇集了湛庐所有纸质书、电子书、有声书和各种阅读服务。
- 可以学习“怎么读”。我们提供包括课程、精读班和讲书在内的全方位阅读解决方案。
- 谁来领读？您能最先了解到作者、译者、专家等大咖的前沿洞见，他们是高质量思想的源泉。
- 与谁共读？您将加入到优秀的读者和终身学习者的行列，他们对阅读和学习具有持久的热情和源源不断的动力。

在湛庐阅读 App 首页，编辑为您精选了经典书目和优质音视频内容，每天早、中、晚更新，满足您不间断的阅读需求。

【特别专题】【主题书单】【人物特写】等原创专栏，提供专业、深度的解读和选书参考，回应社会议题，是您了解湛庐近千位重要作者思想的独家渠道。

在每本图书的详情页，您将通过深度导读栏目【专家视点】【深度访谈】和【书评】读懂、读透一本好书。

通过这个不设限的学习平台，您在任何时间、任何地点都能获得有价值的思想，并通过阅读实现终身学习。我们邀您共建一个与最聪明的人共同进化的社区，使其成为先进思想交汇的聚集地，这正是我们的使命和价值所在。

CHEERS

湛庐阅读 App
使用指南

读什么

- 纸质书
- 电子书
- 有声书

与谁共读

- 主题书单
- 特别专题
- 人物特写
- 日更专栏
- 编辑推荐

怎么读

- 课程
- 精读班
- 讲书
- 测一测
- 参考文献
- 图片资料

谁来领读

- 专家视点
- 深度访谈
- 书评
- 精彩视频

HERE COMES EVERYBODY

下载湛庐阅读 App
一站获取阅读服务

北京市版权局著作权合同登记号　图字：01-2023-1874

图书在版编目（CIP）数据

权力进化论 /（美）杰弗瑞·菲佛（Jeffrey Pfeffer）著；郑晓明，杨来捷译. -- 北京：中国财政经济出版社，2023.6（2024.6 重印）
书名原文：7 Rules of Power
ISBN 978-7-5223-2223-0

Ⅰ. ①权…　Ⅱ. ①杰…　②郑…　③杨…　Ⅲ. ①权力—研究　Ⅳ. ①D033

中国国家版本馆 CIP 数据核字（2023）第 095849 号

责任编辑：尉　敏　　　责任校对：胡永立
封面设计：ablackcover.com　　　责任印制：张　健

权力进化论
QUANLI JINHUALUN

中国财政经济出版社 出版
URL：http://www.cfeph.cn
E-mail:cfeph@cfemg.cn
（版权所有 翻印必究）
社址：北京市海淀区阜成路甲 28 号　　邮政编码：100142
营销中心电话：010-88191522
天猫网店：中国财政经济出版社旗舰店
网址：https://zgczjjcbs.tmall.com
石家庄继文印刷有限公司印装　　各地新华书店经销
成品尺寸：170mm×230mm　　16 开　　17.75 印张　　236 000 字
2023 年 6 月第 1 版　　2024 年 6 月河北第 4 次印刷
定价：99.90 元
ISBN 978-7-5223-2223-0
（图书出现印装问题，本社负责调换，电话：010-88190548）
本社图书质量投诉电话：010-88190744
打击盗版举报热线：010-88191661　　QQ：2242791300